性格のいい会社

MANAGEMENT TO MAKE EMPLOYEES' WORK AND LIFE HAPPY

株式会社ミライフ 代表取締役
佐藤雄佑
YUSUKE SATO

CROSSMEDIA PUBLISHING

はじめに

はじめまして。私は株式会社ミライフという会社で代表取締役を務めております佐藤雄佑と申します。

ミライフは「未来＋ｉｆ」という名前なのですが、「もしも未来が○○だったら」と未来志向で考えて、そこから逆算して今を変えていくという未来志向型の事業を展開しております。

具体的には、個人起点１００％のキャリアデザインを大事にしているエージェント事業、スクール形式で自分の人生の理想未来を描くミライフキャリアデザインやイベントなどのキャリア教育事業、企業向けの研修やワークショップ、人事・組織のコンサルティングなどをしているカルチャーデザイン事業を行っております。

ミライフは２０１６年に設立し、その翌年に出した本が前作の『いい人材が集まる、性格のいい会社』です。当時は会社を設立してすぐだったので、「性格のいい会社」というコンセプトをみなさんにお届けするところまでしか出来なかったのですが、そこから6年、ミライフという会社で「性格のいい会社にはいい人材が集まるのか？　それで事業は成長できるのか？」という実験であり、チャレンジをしてきました。

正直、言うは易し、行うは難しで、最初はお世辞にも上手くいったとは言えない状況で、採用した社員が全員辞めるという組織崩壊も引き起こしてしまいました。まずはそのエピソードからお話しさせてください。

理想を追ったら組織崩壊

前作『いい人材が集まる、性格のいい会社』を出版し、「性格のいい会社」という考え方については、当然、誰よりも意識していましたが、実際やってみると全然上手くいきませんでした。

会社設立から事業の方は順調だったので、仲間を採用することになり、1名、

2名と仲間が増えてきて、2019年の1月には6名の体制になりました。しかし、1月に入社した2人が、共に4月に辞めたのをきっかけに、そこから退職ラッシュとなり、気づいたら在宅勤務のアルバイトメンバー以外、社員は全員退職。1月に「この仲間と頑張るぞ」とワクワクしていたのに、そこからあっという間にひとりぼっちになってしまいました。まさに希望と絶望。ジェットコースターのような半年でした。

私はリクルート時代、ざっくり200人くらいのメンバーのマネジメントをさせてもらってきました。その中で、リーマンショックの時の早期退職以外で、私のメンバーで辞めた人は1人もいません。あの卒業文化があるリクルートなので、相当珍しいと思います。さらに人事系の本を書いたり、働き方改革やダイバーシティの講演もしてきました。なので、マネジメントにはちょっとした自信もありました。それなのに、自分の会社は「社員の退職率100%」の、ある意味奇跡の会社になってしまいました。しくじり先生にもほどがあります。

メンバーから退職を切り出された際に、「ユウスケさんは嘘つきだ」とも言われました。もちろん嘘をついているつもりはないのですが、嘘のように聞こえるとのことです。私は我ながらロマンの人だと思います。性善説で、自律自走、それでいて提供価値の高いサプライズが出せる会社をつくりたかったですし、これは今でもそう思っています。

ビジョンを打ち出すのは好きですし、得意だと思いますが、一方で、ベンチャーで直面するのは、ビジョンだけではやっていけないということです。売上を上げなければ、みんなの給料を払えないですし、会社も存続できません。理想とは程遠い、現実には地味な仕事が目の前にあったりします。自由な働き方は権利になり、個人業績目標のない仕事は理想を追うのではなく、個々人が好き勝手やるバラバラな組織になってしまいました。もちろん、そうさせたのは私自身なのですが……。

ちなみにメンバーの退職理由は大きく2つで、「①やることが難しすぎて、ついていけない。②理想と現実のギャップ。言ってることとやってることが合っていない」でした。

今思うと、頭で考え過ぎていたんだと思います。「性格のいい会社をつくる」「模倣困難性の高いビジネスモデルにする」みたいなことを言ってましたが、みんなに自由に、理想を追ってほしいと思うあまり、具体的なやり方を提示せず、社員のみんなが模倣できなかった。まさに、実録ダメティール組織で、ビジョンが美しければ美しいほど、現状とのギャップにゲンナリするという、わかりやすく地雷を踏んでしまった経験となりました。

そこから反省し、また1から性格のいい会社をつくり直してきました。今回はまさに実践してきた試行錯誤のストーリーをベースに、よりアップデートした「性格のいい会社」をご紹介させて頂ければと思ってます。

「性格のいい会社」は理想論？

私はリクルートで12年強、人事・人材ビジネスの仕事に関わり、その後2016年に起業しました。そのタイミングで執筆したのが、『いい人材が集まる、性格のいい会社』です。

この本では、社員を大切にするという人材ポリシーを持ち、働きがいと多様な働き方を提供していく性格のいい会社に、いい人材が集まってくると提案しました。

私自身にとって、初の出版になりましたが、「こういう会社をつくりたい」「まさにこういう会社に入りたい」といった声を多く頂き、思った以上の反響に驚いたのを覚えています。

一方で、全国で講演する機会を頂いた際には、「この本は理想論だ！　こんな風には上手くいかない。ウチの会社で在宅勤務なんてやらせたら、サボるはずだ」「性善説はいいんだけど、それでは経営は成り立たない。ドンドン、弱体化してしまう。つぶれてしまう。そんな余裕はない！」「ウチは年功序列でやってきたから、急には変われない。労働組合もある」「ウチのマネジメント層は、子育てに理解がない。子供を産んだら、その先働いていくイメージが持てない」「こんなの東京の新しい企業だけしか無理」など、実際にやるのは難しいという意見もたくさん頂きました。

2017年の出版から月日が経ち、まさに新しい時代に向かっています。2020年にはコロナウイルス感染拡大の影響により緊急事態宣言があり、多くの人が在宅で働くということを経験し、今では働き方も大きく変わりました。当時「在宅勤務なんて無理だ」と出来ない理由ばかり聞いていたことを考えると本当にこの変化にビックリではありますが、まさに「性格のいい会社」の時代になってきたと感じています。

キーマンはマネージャー

本書では「性格のいい会社」というコンセプトをアップデートさせ、より実践的な内容になっています。

性格のいい会社と言うと、のんびりしたぬるま湯組織をイメージされるかもしれませんが、全くそんなことはありません。むしろ、事業を成長させることや顧客に対する提供価値を生み出すことにこだわっています。そのために、「欲しい人材が採用できて、辞めずに活躍して、高い成果を出していく」という組織をつくっていく必要があり、そのキーマンがマネージャーです。

私は常々、「組織の居心地は半径5メートルで決まる」と言っているのですが、これはマネージャーとグループメンバーくらいの範囲です。つまりマネージャーのマネジメントスタイルが変われば組織は大きく変わります。

よく、「それはベンチャーだからできるんじゃないか?」と言われるのですが、そんなことはありません。大手企業においても、人がドンドン辞めてしまう部署もあれば、誰も辞めずにイキイキと働いている部署もありますし、同じ部署でも上司が変わった途端に、良くも悪くも組織は大きく変化します。つまりは、マネージャーによって組織は大きく変わっていきます。

詳しくは、この後じっくり説明していきますが、**性格のいい会社とは、「社員を幸せにする会社」です。**

理想論のように聞こえてしまうかもしれませんが、そんなことはありません。会社であり、上司が社員の幸せを願う。シンプルですが、この想いに溢れた性格のいい会社には、いい人材が集まってきて、辞めずに活躍し、高い成果が出る。そして、顧客提供価値を高め、事業が成長し、会社は存続していく。

むしろ、経営として、事業として、成長していくために必要なコンセプトなのです。

性格のいい会社　目次

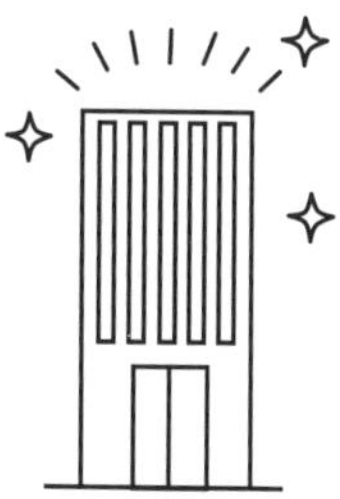

第1章 性格のいい会社

a company with a good personality

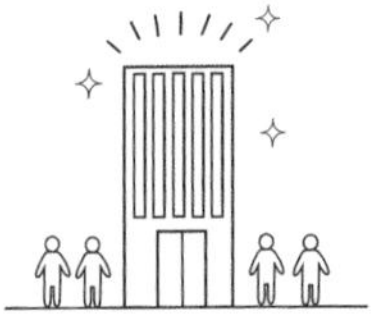

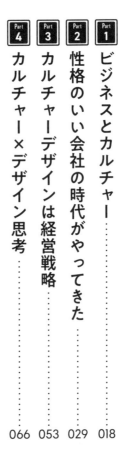

第2章 社員のWORKを幸せにする

make employees happy at work

COLUMN 本との対話②「個をあるがままに生かす」

心理学的経営（ＰＨＰ研究所）／大沢 武志

第3章 社員のLIFEを幸せにする

make employees happy in life

COLUMN 本との対話③「人生のイノベーション」

イノベーション・オブ・ライフ（翔泳社）／クレイトン・M・クリステンセン

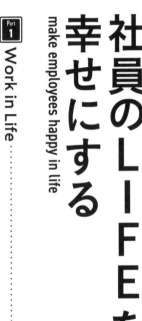

第4章 性格のいい会社のつくり方

how to make a company with a good personality

カバーデザイン
金澤浩二

イラストレーター
森優

第1章

a company with a good personality

性格のいい会社

Part 1

ビジネスとカルチャー

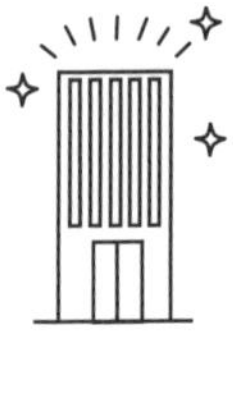

これからの経営にはカルチャーデザインが必要

私は人材ビジネスをやっている中で、キャリアに悩むビジネスパーソンの生の声を日々聞いているのですが、成長や業績だけが目標になり、何のためにビジネスをやっているのかよくわからない状態に陥ってしまっている残念な会社が多いと感じています。きっと、どの会社も「ビジネスを通じて、社会やお客様に価値を届けたい」と思って創業したはずなのに、気づくと短期業績に取り憑かれ、結果として、組織のエンゲージメントが下がっていたり、退職者が続いているような会社が多いです。

私は「経営とはビジネス（事業）とカルチャー（組織）の両輪をバランスよく回

すこと」だと考えています。

ビジネスをつくり、推進していくためには、いい人材を採用し、育成して、いいカルチャーをつくっていくことが必要ですし、ビジネスが成長していくことが、社員にとっても成長機会になったり、やりがいに繋がってきます。ビジネスとカルチャーはタイヤの両輪なので、バランスが悪いとまっすぐ走ることはできません。ただ、実際にはこのビジネスとカルチャーのバランスが悪い会社がとても多いのが実情です。

ではそもそも、カルチャーとはなんなのでしょうか？

直訳すると「文化」になるわけですが、文化を辞書で調べると次のように書いてあります。

文化とは、複数名により構成される社会の中で共有される考え方や価値基準の体系のことである。簡単にいうと、ある集団が持つ固有の様式のことである。

私はカルチャーとはその会社が持つ「共通の価値観」だと思っています。

もちろん、それはパーパス、ビジョン、ミッション、バリュー、経営理念など会社が掲げている考え方からくるものでもあり、会社設立からの行動や態度、人事制度、仕組みなどが積み上がってできたものでもあります。

例えば、製造業であれば安全第一が当たり前、金融業ではミスをしないのが当たり前、外資系企業では成果主義、実力主義が当たり前、ベンチャー企業ではスピード経営が当たり前といったように、それぞれの「当たり前」は全

経営とはビジネスとカルチャーの両輪をバランスよく回すこと

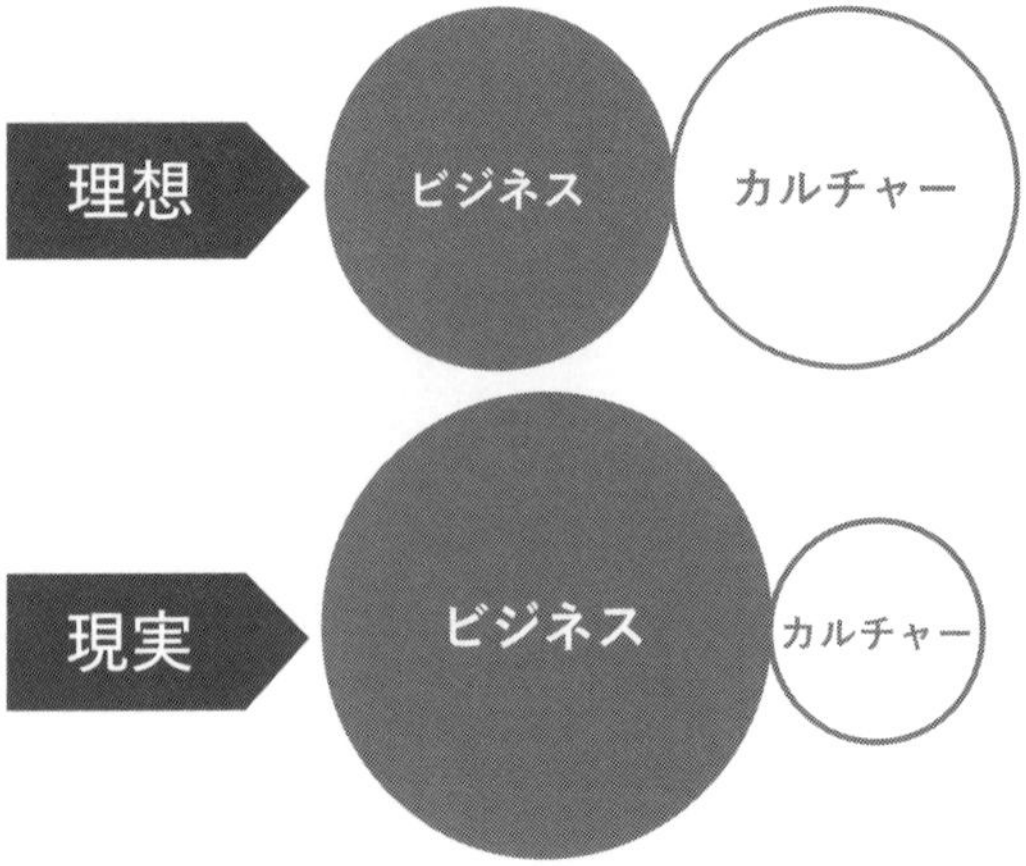

然違います。何か決済するときに稟議を通すのが当たり前の会社もあれば、チャットのスタンプでＯＫが出る会社もあります。性善説の会社もあれば、性悪説の会社もあります。これはどちらがいい、どれが正しいということはありません。会社の価値観と社員の価値観がフィットしているかどうかというのがとても大事な訳です。

多くの会社において、ビジネスモデルや事業戦略といった戦略があるのに対して、カルチャーについては戦略がありません。ビジネスは戦略や数字として目に見えやすいものなので、必死で考えたり、改善したりしているのですが、カルチャーは目に見えないものですし、空気と同じように、手を掛けなくてもそこに存在しています。なので、多くの会社にとってカルチャーは「勝手にあるものであって、つくるものではない」と思っているのかもしれません。

カルチャーは空気と同じく、無くなってしまったり、汚染されたりして、初めて生きていくのに必要不可欠なものだったと認識することになりますが、そのときは時すでに遅しです。カルチャーは一朝一夕ではできないものなので、すぐには変えることができません。この空気のような存在が見えるときというのは、退職者が増えたり、エンゲージメントがとても低くなったり、トラブルが増えたりと、大体、炎上して気づくことになるのです。

だからこそ、ビジネスモデルや事業戦略と同じように、カルチャーデザインを意識的にやっていく必要があります。これからの時代、経営としての推進力や実現力は、このカルチャーデザインが差になってきます。

原因は短期視点すぎること

では、なぜビジネスとカルチャーのバランスが悪くなってしまうのでしょうか？ **細かく見るといろいろな理由があると思うのですが、私は「短期視点すぎる」ことだと考えています。**

多くの企業では、売上成長、四半期決算、シェア争い、KPIなどあらゆる指標が短期で設定されていて、その達成が求められています。もちろん、株主からの期待に応えていくということは上場企業、上場を目指していく企業にとっては必要なことです。ただ、「短期業績」だけに取り憑かれてしまうことで、数字に繋がりにくいことはやらない、やれない。気づくと、大事だとはわかっていても、効果が出るまで時間の掛かるカルチャーをつくり、育てていくことは置いてきぼりになって、バランスの悪い状態になっていきます。

「急がば回れ」ということわざは誰もが知っていると思います。本来であれば、急いでいるからこそ、本質的なことをさぼってはいけないし、慎重に行かなくてはいけない。誰もがこのことわざは知っているのだけど、いざ「仕事」ということになるとなぜか急いでしまう。組織が整ってないまま、短期業績を上げようと結果を急いでしまうことで、成果も出ないですし、組織もボロボロになってしまう。結果として人も辞めるし、採れないし、なので既存のメンバーの負荷は高まり、さらに辞めてしまう。そんな会社がとても多いです。

目的と目標の違いの話をよくするのですが、目的の的は「ゴール」です。一方で目標の標は「しるべ」なので、手段であり、道です。これを間違ってはいけません。**あくまで目的のために、目標があるのであって、目標達成のために目的がブレては意味が無いのです。**短期業績だけを追っている会社の中には、この目的と目標がブレている会社が多く、結果としてビジネスとカルチャーのバランスが悪く、事業成長の足かせになってしまっています。

重要な経営資源は「ヒト・ヒト・ヒト・ヒト」

経営の教科書などには、四大経営資源として「ヒト・モノ・カネ・情報」と書いてあります。私も経営学部だったので、大学の授業でそう習いました。でも、それから20年以上経ち、経営資源は「ヒト・ヒト・ヒト・ヒト」ではないかと思っています。1にも、2にも、3にも、4にも人であると。

わかりやすいところからお話しすると、情報なんて、今やインターネットでかなりのことがわかります。昔は情報を持っているか、持っていないかというのが大事な経営資源だったわけですが、今やなんでもネットで検索するわけです。

カネも環境が変わってきました。昔は起業するのに資本金を貯めておかなければいけませんでしたし、創業間もないベンチャーがお金を貸してもらうのは相当難しかったかもしれません。でも、今は1円でも会社はつくれますし、事業計画をしっかりつくれば、国やベンチャーキャピタルなどから投資、融資も受けやすい状況になってきています。

最後はモノですが、昔はモノづくりには設備面においても大きな初期投資が掛かりましたし、職人のような経験も必要でした。それが今では、3Dプリンターで、いつでも、どこでも、小ロットでモノがつくれたりしますし、ネット系のビジネスにおいては、PC一つでサービスを生み出すことが可能です。

つまり、これからの時代の変化に対応していける人がいる会社が生き残り、いなければ苦しくなっていきます。この変化に対応していける人材こそが、経営資源となります。

どこの会社も「自律自走人材」が欲しい

私が日々、企業の経営者や人事の人とお話をしていると、とにかく採用に困っている会社が多いです。採用に困っているというのも、応募が全く来ないというよりは「欲しい人材が来てくれない」という内容です。もちろん、企業ごとの事業内容や採用ポジションといった細かい要件については違いはあると思うのですが、欲しい人材の共通のキーワードが「自律自走人材」です。

自律自走人材というと、みなさんはどんな人を想像しますか？　自律の意味を辞書で引いてみると、「他からの支配・制約などを受けずに、自分自身で立てた規範に従って行動すること」とあるので、**自律自走人材というのは、端的に言うと「自分で考え、自分で行動する人」です。**

では、なぜこのような人材が求められているのでしょうか？
これは時代の変化の影響が大きいです。高度成長経済であり、モノをつくれば売れる工業化の時代から、2000年以降、一気に情報化の時代になりました。そして、今、新しい時代に向かっています。

まさに今までの延長線上を進んでいくのではなく、非連続のチャレンジを起こしていかなければいけないですし、そうなると当然やったことないことであってもやらなければいけない。社長や上司が正解を持っている時代であれば、経営計画があり、指示に従って、業務を遂行していけばうまくいったかもしれないですが、変化の時代は違います。正解が無いからこそ、現場で、顧客に一番近いメンバーが、顧客のためにどうあるべきかを考えて、自ら正解をつくっていかなければいけません。そのような時代になってきました。そう、変化の時代だからこそ、自律自走人材が求められているのです。

経営者が事業や数字にコミットしていくのは当然なのですが、いくら素晴らしいビジネスモデルや戦略があったとしても、採用ができない、人が辞めてしまう、組織のモチベーション、エンゲージメントが低いなどで、それを実現できなければ絵に描いた餅になってしまいます。

では、どうすればいいのかということなのですが、シンプルに言うと「欲しい人材に来たいと思ってもらえる会社になる」ことであり、その一つの答えが性格のいい会社です。

今の組織を社員にとって魅力的な環境にしないと、欲しい人材が来てくれるわけがないですし、リファラルで社員が友人を紹介してくれるはずがありません。

Part 2

性格のいい会社の時代がやってきた

「このままでいいのか？」みんなモヤモヤしている

私はかれこれ20年近く、人材エージェントであり、人事の仕事をしてきました。そして、今でも日々、キャリア面談をしていますが、年代問わず、今の現状にモヤモヤしている人が多いです。そのときに声を揃えて言うのが「私、このままでいいのでしょうか？」という言葉です。絶対辞めなきゃいけないほどの強い理由はないものの、このままいっても先が見えていて、どうやらポジティブな状況ではなさそう。そんな状態の人が多いです。

昔であれば、大手企業に就職したら、終身雇用で定年までいることが当たり前だったかもしれませんが、今は全然違っています。特に「優秀な人から辞めていく」傾向があります。社内で活躍している優秀な社員ほど、現状の閉塞感に早く気づきますし、社外の選択肢もあるので、新しいチャレンジをしたいと思う人は多いです。

また、ベンチャーや中小企業では、最初は成長感、変化感のある仕事を感じられていたものの、ある程度出来ることが増えてきて、仕事が物足りなくなってきたり、会社が思ったような成長が出来ず、「このままでいいのか？」と思うこともあります。

仕事と家庭の両立も大きなテーマです。

これについては後ほど詳しく書いていきますが、「会社も仕事も好きだけど、この働き方は続けられない」と思っている人はとても多いです。子育て世代はもちろんのこと、これから結婚、出産といったライフイベントを迎えていく若い人（男女問わず）もワークライフバランスが取りにくい会社では、今は良くても長くは続けられないと思っています。

私はミライフという会社を設立してから、「どうすればこのモヤモヤを晴らすことができるのか」ということに取り組んできました。このモヤモヤしている状態ですぐに転職するのではなく、その前にちゃんと自分の大事にしていることや何をしたいのかという理想未来を考えることが大事だと考え、ミライフキャリアデザインというキャリア教育の事業も行っています。

そこで伝えていることはシンプルで、**「自分を知る、他者を知る、理想未来の旗を立ててみる」**ということです。自分の現在地もわからず、世の中のこと、他の会社のこと、他の人のこともわからないと、どうしたらいいのかなんてわかりません。だからモヤモヤする。自分の価値観や大事にしていること、それを実現するためにどうありたいかについて深く内省して、自分のイメージに近いロールモデルに実際にインタビューして、なりたい姿の解像度を上げる。そして変わってもいいから、自分がどうなりたいかという理想未来を考えてみる。そのような活動をしていく中で、徐々に霧が晴れていきます。

一方で、これを企業側から捉えてみると、この個人（社員）のモヤモヤポイントを取り除いていければ、霧が晴れて、視界良好でスッキリ思いっきり仕事に集中できる状態になるのではないかと思っています。実際に、ミライフキャリアデザインの卒業生を見ていても、転職に限らず、現職に残ると決めて、異動に手を挙げて新しいチャレンジをしている人や、マネジメントを目指すと腹を括り、実際に事業の責任者になっている人もいます。

新しい時代に向かう変化のタイミングで、多くの働く人がなんらかのモヤモヤを抱えています。**それを個人の問題と片づけるのか、会社の問題として向き合うのか。その岐路に立たされているのではないでしょうか。**

「性格のいい会社」とは？

さて、そろそろ性格のいい会社について、詳しく書いていきたいと思います。2017年に出版した前作『いい人材が集まる、性格のいい会社』では次のように定義しました。

性格のいい会社とは、人に対する考え方（人材ポリシー）があり、社員個々に対して「働きがい」と「多様な働き方」を提供している会社

いい人材が入りたいと思う人気企業の概念が変わりつつあります。大手企業のように伝統があり、有名で、安心という〝外見のいい会社〟の時代から、個（あなた）を大事にしてくれる、働きがいと多様な働き方ができる〝性格のいい会社〟の時代になるとメッセージしました。

当時はまだ「働き方改革」という言葉が出てくる前でした。多様な働き方とし

て、在宅勤務やフレックスで、いつでもどこでも働けるようになると書いたのですが、反応としては「うちの会社ではそんなの無理だ」とできない理由のオンパレードでした。それが、コロナウイルス感染拡大による緊急事態宣言の経験を経て、在宅勤務ができるということは当たり前になってきましたし、副業ＯＫの企業も増えてきました。大手企業から成長ベンチャー企業への転職ももはや珍しいことではなくなり、気がつけば、まさに〝性格のいい会社〟の時代になってきたと実感しています。

前作を書いてから自分自身の会社であるミライフでも、性格のいい会社づくりに取り組んできました。詳細については第4章で書かせて頂きますが、いいこともあれば、上手くいかないこともたくさんありました。時代も大きく変化しました。それを踏まえて、改めて〝性格のいい会社〟というコンセプトをアップデートしたいと思い、新たに定義し直しました。

「性格のいい会社」とは、社員を幸せにする会社

私自身、「性格のいい会社」とは何か？　ということについて考え尽くした結果、シンプルに「社員のみんなが幸せになって欲しい」というところに行き着きました。そして、社員が幸せになるためには、仕事だけではなく、プライベートや、家族との時間もちゃんと大事にしていく必要がある。そこまでやれたら、本当に「性格のいい会社」です。

この話をすると、「これではビジネスとしてやっていけない」と言う人もいるのですが、「全くの逆」で、ここまでやるからこそ、いい人材が集まってきて、辞めずに活躍して、事業成長していくのです。

性格のいい会社は目的ではなく手段、そしてゴールではなく、スタートです。性格のいい会社をつくるところを起点に、ビジネスとカルチャーの両輪がバランスよく回っていくことで、結果として会社が上手くいくのです。

ミライフは「働く、生きるを、HAPPYに」をミッションに人材ビジネスを事業として行っています。採用支援をしている企業であり、転職相談に来られる個人の方、それと同時にミライフで働く社員のみんなの「働く、生きるを、HAPPYに」したいと思っています。

では、会社が「社員を幸せにする」というのはどういうことなのでしょうか？　ミライフでは「Work in Life」という言葉を大事にしているのですが、これは「仕事は人生の一部だけど全部ではない。だから仕事だけになっては

いけない。でも仕事は人生にとって大きな部分を占めるので仕事も楽しもう」という意味で使っています。つまり、ＬＩＦＥを幸せにするためには、仕事の比重が増えすぎて、ＬＩＦＥが無くなってしまっても意味が無いですし、仕事でも幸せになれたら最高だと思っています。

性格のいい会社の全体像は次ページの図の通りです。性格のいい会社は社員を幸せにする会社で、社員のＷＯＲＫもＬＩＦＥも幸せにしていきます。

ＷＯＲＫのほうは、会社、グループ、個人の「パーパス」を明確にして接続していく、社員の「自律自走」を大事にする、「成長」を支援する、いい「仲間」と同じベクトルで仕事していくことで、ＷＯＲＫで幸せにすることが出来ます。

ＬＩＦＥのほうは先ほどの「Work in Life」のスタンスを原理原則として持ちつつ、「多様な働き方」や「脱長時間労働」といったメンバーの働き方をしっかりとマネジメントし、社員の「キャリアデザイン」を支援することで、未来に対するモヤモヤを取り払う。このように社員のＷＯＲＫとＬＩＦＥに対して、統合

性格のいい会社の全体像

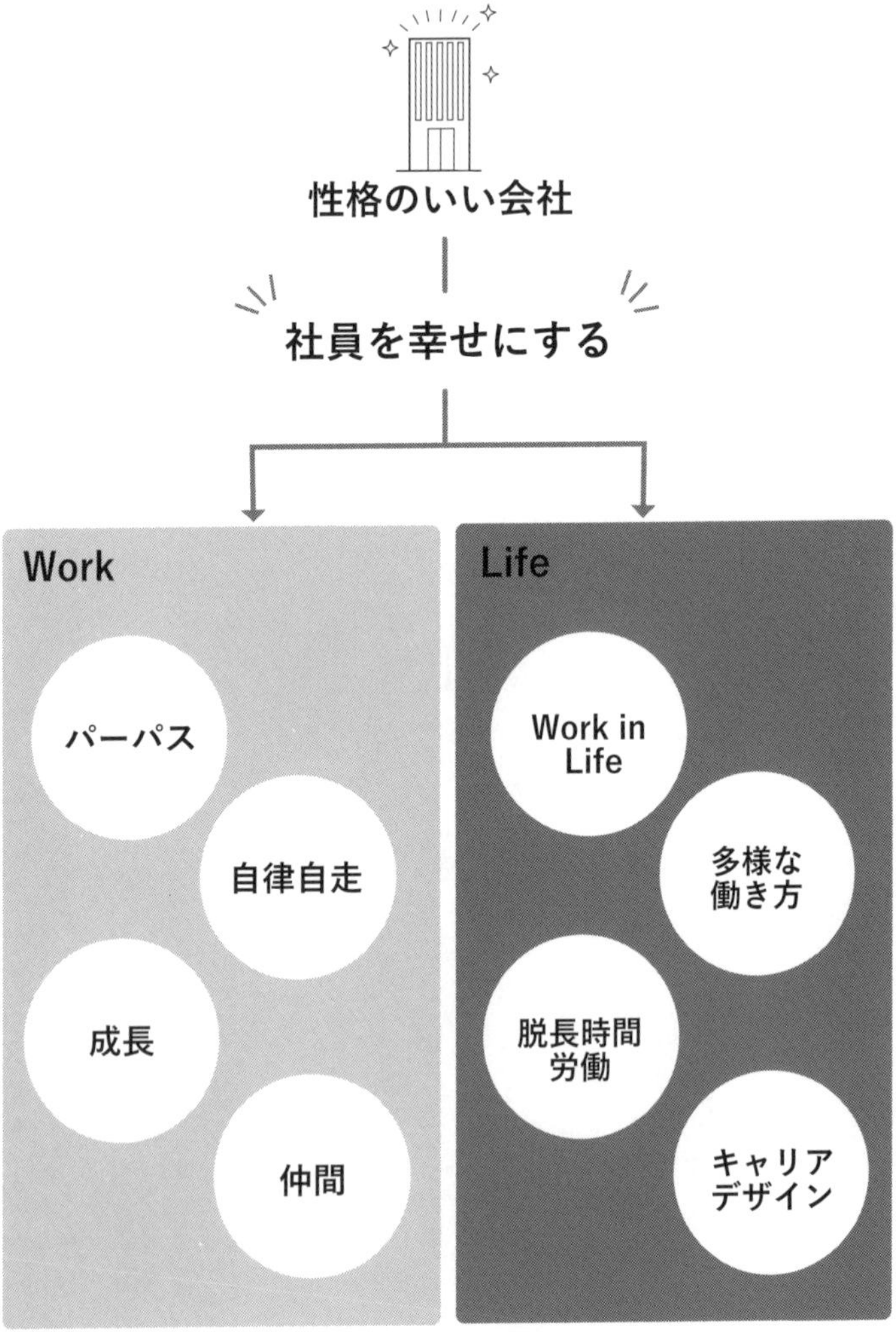

的なアプローチをしていくことで、性格のいい会社をつくっていくことができます。詳細については、第2章以降でお話しします。

性格のいい会社の三大メリットは「採れる・辞めない・成果出る」

性格のいい会社、すなわち社員を幸せにするというのは、一見すると事業成長や業績目標とは別のことのように思ってしまうかもしれませんが、それはあくまで短期的な話です。短期成果最大化を考えたら、成果につながることだけをやり切るというのでもいいかもしれませんが、これでは長く続きません。まさに100メートルダッシュのスピードでマラソンは走れないのと同じで、そんなことを強いていたら、みんな体調不良になって、辞めていってしまいます。

これからは「ヒト・ヒト・ヒト・ヒト」の時代であり、変化の時代です。会社にとって欲しい人材が採用できなかったり、どこでも活躍できる優秀な社員から辞めていくというのは、事業にとって大きな痛手であることは想像に難くありません。

性格のいい会社の三大メリットは「採れる・辞めない・成果出る」です。

社員を幸せにする会社には、いい人材が集まってきます。そして短期で辞めずに、活躍してくれることで、継続的、安定的に事業を推進していくことができます。結果として、事業成長という成果に繋がっていきます。

さらに言うと、組織が安定して、退職率が下がることで、余計な採用をすることもないのでコストも時間も削減できますし、なにより社員が辞めずに成長していくことで、組織能力を積み上げていくことができます。

性格のいい会社をつくることを起点に、このサイクルが上手く回ることで、確実にビジネスが強くなっていきます。

性格のいい会社は「採れる・辞めない・成果出る」

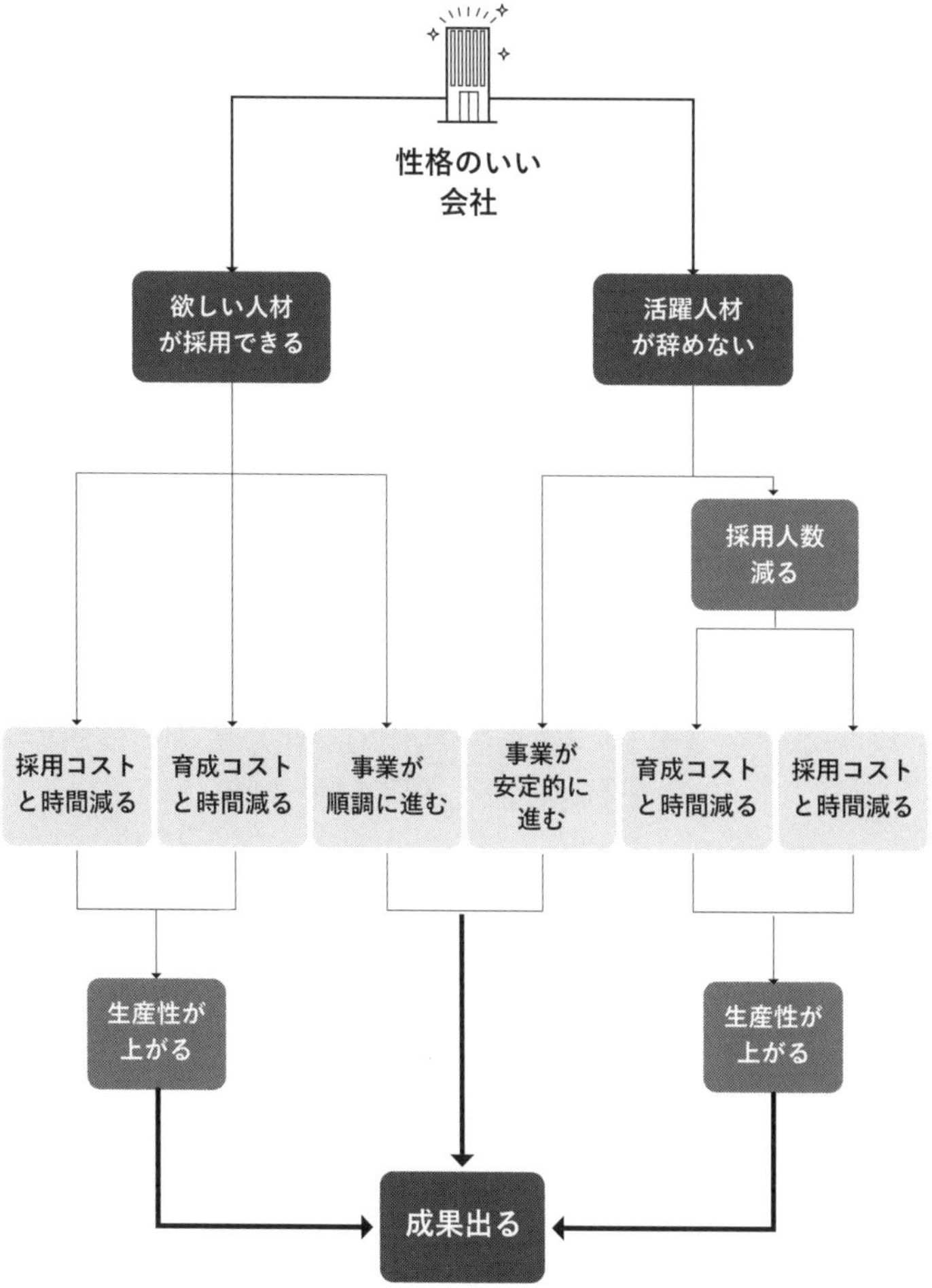

性格のいい会社をつくるサイクル

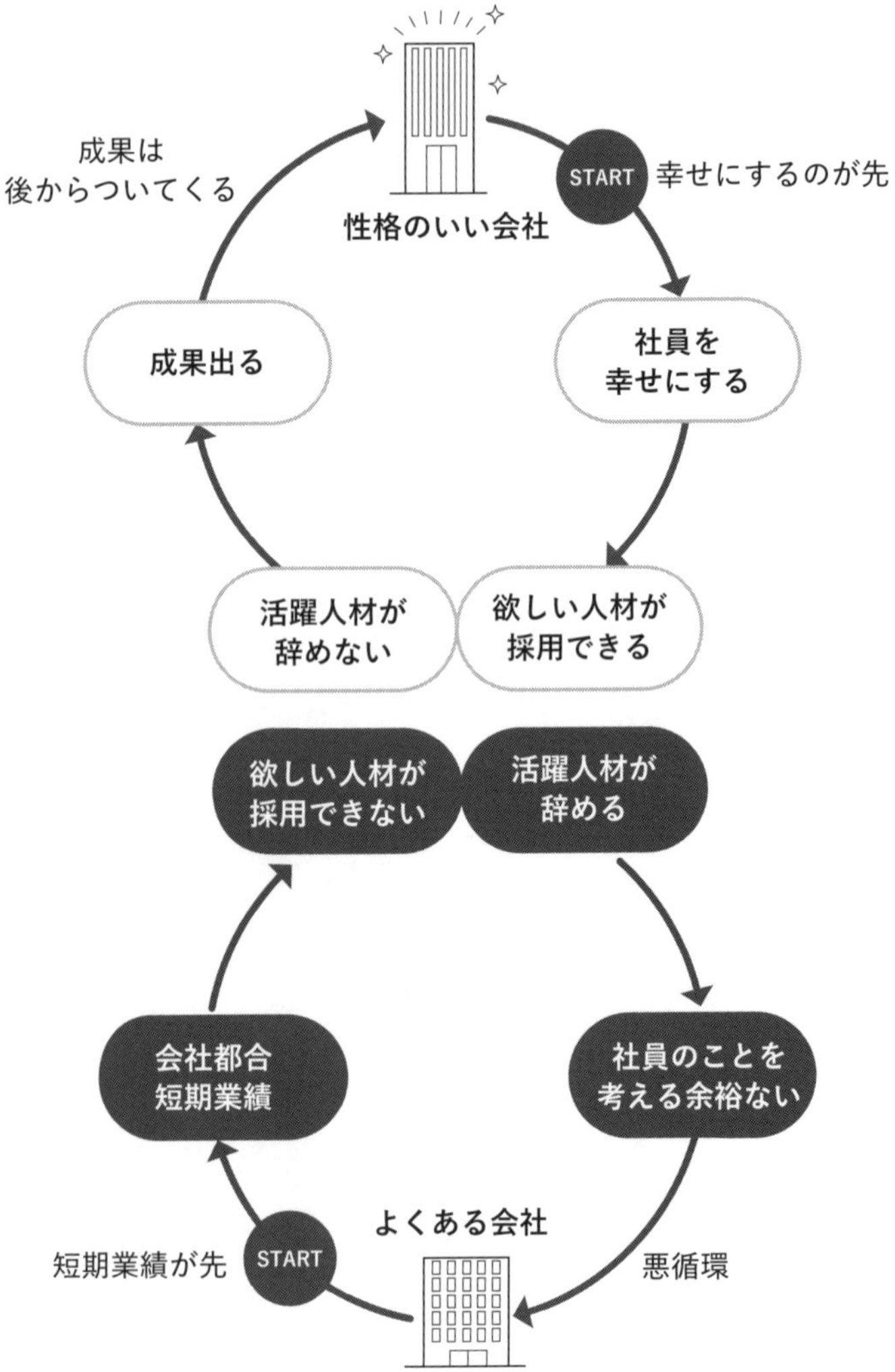

上手くいくことがあれば、必ず副作用が起こる

性格のいい会社をつくるサイクルを掲載した右図もそうですが、私は事業のこと、組織のことを考えるときに、目に見えている課題を一問一答で解くのではなく、全体の繋がりや、影響で考えるということを意識しています。

これは「システム思考」という考え方なのですが、部分だけに着目するのではなく、いろいろな要素が相互に作用し合って複雑に絡み合った「システム（全体）」として捉えて、全体最適を追及する思考のことになります。

私がシステム思考を教えてもらったのは、リクルートの人事時代なのですが、タイミング的には、リーマンショックで業績悪化し、早期退職せざるを得なくなり、その後、会社に残ってくれたメンバーと共にどうやって復活していくかというのを模索していたときでした。

それまで、現場でマネージャー、支社長をやっていたときは、目の前の顧客に対して、どこまでも期待に応えたいという部分最適の積み重ねで成果を出してき

たのですが、全社となるとそうもいきません。

何かをやると、何かが起こる。上手くいくことがあれば、必ず副作用が起こる。その副作用まで計算したうえで、打ち手を打っていくことで、短期ではなく、中長期で成果を出し続ける組織になることを叩き込まれました。


例えば、マイクロマネジメントを簡単なシステムで捉えてみます。マイクロマネジメントとは、上司がメンバーの仕事を細かく管理していくことですが、もちろん悪いことではありません。仕事内容が明確になり、行動が徹底できることで、短期で成果を上げることができます。特に、新しいメンバーなど、仕事に対する十分な知識、スキルを持ってない場合には、まずは細かく指示するということは必要なことです。そして、このマイクロマネジメントをしたことで、短期で新メンバーが立ち上がり、成果が出たことが、上司の成功体験になり、益々マイクロマネジメントをやるようになるというのがプラスのループです。

一方で、マイクロマネジメントを続けていくと、メンバーが窮屈に感じてモチベーションがダウンし、結果として行動に繋がらない、成果も出ない、場合によっては退職してしまうということに繋がるので、中長期的には続かないという副作用があります。これがマイナスループです。

下の図は簡略化したものなので、実際はこんなにシンプルではないのですが、「何かをやると、何かが起こる。上手くいくことがあれば、必ず副作用が起こる」という全体の影響や相互作用を考慮することがシステム思考です。それにより、部分最適にならず、全体最適を実現して、短期ではなく、継続的に続くモデルを構築することができます。

マイクロマネジメントが生むプラスループとマイナスループ

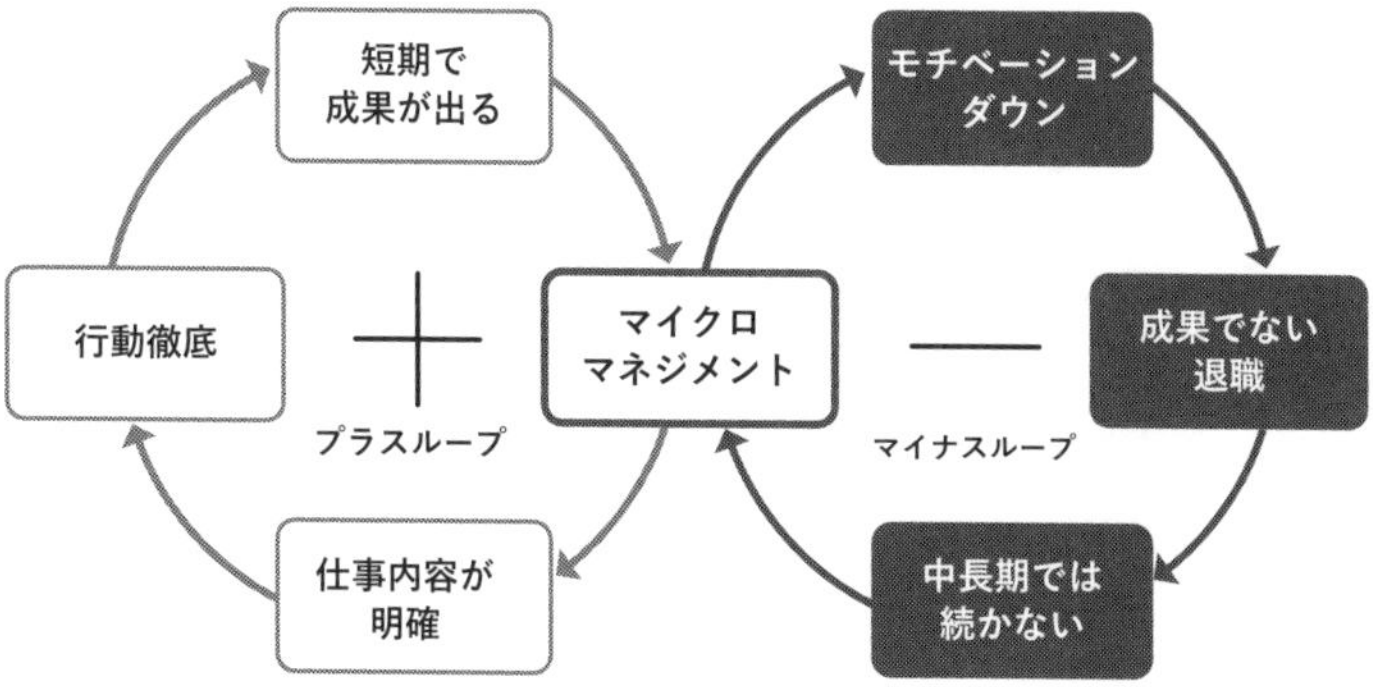

いろいろな会社を見ていて思うのは、この副作用の見立てができていないケースが多いことです。目標に向かって、ロジカルに戦略を立てていくのですが、理論上は上手くいく戦略も、実際にやってみるといろいろな副作用が起こるので、上手くいきません。特に、人・組織は感情で動くので、「頭でわかっても、心ではわからない」ということが起こります。

短期業績を上げることだけに頭がいってしまうと、それ以外の副作用が見えなくなってしまうのです。そして、結果として全体のバランスが崩れてしまう。このような会社が多いのですが、前述の通り、「経営とはビジネス（事業）とカルチャー（組織）の両輪をバランスよく回すこと」なので、全体を関わり合うシステムと捉えて、打ち手を考えていく必要がありそうです。

ちなみに、経営や組織にシステム思考を取り入れていく際に参考になるのは『学習する組織』（英治出版／ピーター・M・センゲ）という本で、世界で100万部以上売れている名著です。この本を読んで頂くと、全体と部分、システムで考えるというのはどういうことか、副作用が起こるメカニズムのようなことのイメージが湧いてくると思います。

幸福度が高いほうが成果も高い

社員を幸せにすることが、会社のパフォーマンスに繋がるというのは、研究の成果でも明らかになっています。

聞いたことがある方もいると思いますが、アメリカのイリノイ大学名誉教授のエド・ディーナー博士らによると、幸福度の高い人は創造性が3倍高く、生産性は31%、売上は37%も高いといった研究結果が報告されています。もちろん、この数字がどの企業にも当てはまる訳ではないと思いますが、私の感覚的にも幸福度の高い人の方がパフォーマンスを出す傾向にあるというのはその通りだと思っています。

ちなみに、幸福学の研究では、幸せには2種類あって、「地位財」と「非地位財」があります。地位財はお金やモノ、社会的地位など他人と比べられるもので、もう一つは非地位財で、こちらは健康、安全、安心など他人とは関係なく得られる幸せになります。

地位財による幸せは短期的で長く続かないのですが、非地位財による幸せは長続きすると言われています。すなわち、給与アップや昇進というニンジンをぶら下げて走らせて、それで短期的に頑張らせることはできたとしても、長くは続きません。非地位財による幸せをどう社員に感じてもらうかというのが大事になります。

日本で幸福学の第一人者である慶應義塾大学大学院の前野隆司教授は著書『幸福のメカニズム』の中で、幸せの4つの因子を発表されています。

幸せの4つの因子
第1因子：「やってみよう！」（自己実現と成長の因子）
第2因子：「ありがとう！」（つながりと感謝の因子）
第3因子：「なんとかなる！」（前向きと楽観の因子）

第4因子：「ありのままに！」（独立と自分らしさの因子）

この『幸福のメカニズム』という本は2013年に書かれた本なのですが、私が初めて読んだのは2016年の会社を創業したタイミングでした。そこで幸福学を知って以来、前野先生の本を片っ端から読んだり、前野先生の授業に参加させて頂いたり、一緒にイベントさせて頂いたりして、学んできました。

また、会社の経営においても意識的に幸福学を取り入れて実践してきました。私の会社での具体的チャレンジについては第4章に書いていますが、実践して思うことは、「言うは易し、行うは難し」ということに尽きます。ただ、シンプルにこの「幸せの4つの因子」をどうカルチャーデザインに組み込んでいくかというのは、どの企業にとっても価値のあるチャレンジだと思っています。

「性格の悪い会社」とは？

一方で、「性格のいい会社の対極にある性格の悪い会社はどういう会社ですか？」とよく聞かれます。みなさん、ブラック企業を想像するのですが、私はブラック企業は性格が悪いのではなく、単に悪い会社です、とお答えしてます。性格が悪い会社の代表選手は日系の大手企業だと言っています。

もちろん、全ての大手企業が性格が悪いとは言えないと思いますが、総じて、新卒文化、年功序列、総合職文化のようなことが掛け合わさると性格が悪くなります。すなわち社員起点ではなく、会社都合で社員を管理する傾向が強くなります。

なぜかというと、社員の人数も多いですし、毎年大量に新卒が入ってくるので、代わりがいくらでもいることで企業側の力が強くなります。評価も、異動も会社の裁量でできるので、逆らうことができません。

終身雇用の時代であれば、一生その会社にいるという前提の上で、部署をローテーションしながら、いろいろな部門、職種を経験し、総合的にその会社のことを理解し、幹部になっていくというストーリーも機能していたのかもしれませんが、今では大手企業であってもこの先どうなるかわかりませんし、実際、事業縮小やリストラをしている会社も多くあります。

人生100年時代と言われています。働く期間が延びていくのに対して、社会の変化は激しく、会社の寿命は短くなっています。働く期間より、会社の寿命のほうが短いのであれば、当然、終身雇用など成立しないですし、自分のキャリアは自分でつくっていかないといけません。

一般的に大手企業の方が安定していると思っている人は多いと思いますが、私の見解は少し違います。**大手企業の「雇用」は安定しているかもしれませんが、「個人のキャリア」はむしろ安定していません。**大手はいろいろな事業、拠点、職種などがあるので、会社都合での部署・職種異動や転勤なども当たり前にあるため、自分のキャリアを自分で選んでいくことがとても難しくなってきます。

すなわち、雇用だけは安定しているものの、いつか転勤になるかもしれない、別の部署、職種に異動になるかもしれないと思うと、自分のキャリアであり、気持ちが全然安定しない。また、社内でローテーションによる異動を繰り返した結果、社外で通用する専門性、スキルがなく、転職もできない状態になってしまう人も多く、結局、会社にしがみつくしかなくなってしまいます。これでは本当の意味で安定しているとは言えません。

ただ、日系の大手企業もこのままだと、いくら採用できても、優秀な若手人材から辞めてしまうということを痛感し始めているので、きっと変わっていくと思いますし、変わっていってほしいと願っています。

Part 3

カルチャーデザインは経営戦略

Doingで入社して、Beingで辞める人が多い

私が人材業界・人事としてたくさんの人のキャリアと向き合ってきた中で感じているのは、**「Doingで入社して、Beingで辞める」人がとても多い**ということです。

どういうことかと言うと、Doingはやりたいことだと思って頂くとわかりやすいです。業界、職種、役職、お金を稼ぐこと、上場を目指すことなど、目に見える成し遂げたいことを描いて企業を選ぶのですが、辞めるときは会社の価値観と自分の大事にしていることがズレてたり、人間関係やマネジメントスタイルが合わないというBeing（あり方）が多いです。すなわち、一言でまとめると「カルチャーが合わない」ということになります。ただ、ここで言うBeingというのは難しいことというよりは、当たり前のことができていない、欠けているときに感じるものです。

動機付け衛生理論という考え方をご存じでしょうか。アメリカの臨床心理学者フレデリック・ハーズバーグによって提唱された考え方なのですが、動機付け要因とは仕事に対する満足に関わる要因であり、衛生要因とは不満に関わる要因です。

ハーズバーグによると、動機付け要因が満たされると満足感は得られるが不満は取り除かれる訳ではなく、また衛生要因を満たすだけでは、不満は解消されるが満足感が得られないと提唱しています。この理論は、１９５０年代に研究された論文の内容ですのでかなり古いのですが、私はとても本質的だと思っています。

多くの会社は「どうしたら組織がよくなるか？」と、動機付け要因ばかり考えてしまうのですが、まずは「どうしたら組織の不満を解消できるか」から始めるのがいいと思っています。なぜならば、不満を放置したまま、動機付けだけ考えるというのは、お風呂の栓をしないまま、お湯を溜めているようなものだからです。せっかくのいい取り組みも、どんどん流れていってしまいます。

衛生要因の代表選手は「給与」「勤務時間」「福利厚生」といった生活に関わる事や、「経営方針」「人事制度」「職場の人間関係」といった会社の方針や日常の仕事に関わることです。

一方で動機付け要因の代表選手は、「達成や承認」「業務内容の魅力」「昇進昇格」「責任」などやりがいに関わることです。

衛生要因についての考え方は、「マイナスをゼロにする」であって、プラスにはなりません。例えば、パワハラやセクハラが横行している会社があったとして、それを撲滅したからといって素晴らしいい会社になるわけではなく、単に当たり前に戻ったというくらいです。残業時間が長く、毎日深夜まで仕事するような働き方の会社があったとして、残業時間を適正にコントロールすることができたといっても、それは労働基準法を守っているにすぎません。

衛生要因を守るというのは「当たり前のことを当たり前にやる」ことなのですが、これができていない会社がとても多いです。だからこそ順番が大事で、まずは衛生要因の課題をつぶしていき、そこで土台ができたところで、動機付け施策をやっていくというのがセオリーです。

動機付け衛生理論

動機付け要因 → **あればあるほど やる気やモチベーションにつながる**
達成・承認・仕事内容・責任・昇進・成長など

衛生要因 → **整ってないと不満につながる**
会社の方針・管理・対人関係・仕事環境・安全・給与など

もちろん、人事制度などすぐには変えられないこともあるかもしれませんが、本書の冒頭でも書いた通り、組織の居心地は半径5メートルで決まるので、働き方やコミュニケーション、人間関係などの現場課題を解決していくことで、Beingで辞めることは随分と防げるようになります。

マネジャーの存在がより重要な時代

Googleは2002年にすべてのマネージャーを廃止して管理職のいない組織にするという「実験」を行いました。そして、どのようなマネージャーであればいい組織になるのかというのを導き出したのが、こちらの10個の行動規範です。

ここに挙げられている10個の行動規範は、性格のいい会社の考え方とかなり近いと思っています。マネージャーは良いコーチであり、細かく管理するのではなくメンバーに任せていくことや明確なビジョンや戦略を持つこと、仕事だけでは

Googleマネージャーの行動規範

1	良いコーチである
2	チームに任せ、細かく管理しない
3	チームの仕事面の成果だけでなく健康を含めた充足に配慮しインクルーシブ（包括的）なチーム環境を作る
4	生産性が高く結果を重視する
5	効果的なコミュニケーションをする 人の話をよく聞き、情報を共有する
6	キャリア開発をサポートし、 パフォーマンスについて話し合う
7	明確なビジョンや戦略を持ち、チームと共有する
8	チームにアドバイスできる専門知識がある
9	部門の枠を超えてコラボレーションを行う
10	決断力がある

出典：Google re: Work

なく健康などの充足を図り、キャリア開発をサポートしていくこと。
つまり、Googleはマネージャーがこのように行動していくことで、いい組織をつくり、組織パフォーマンスを上げてくことができると言っています。言い換えると、マネージャー次第で、性格のいい会社はつくれると言えるのではないでしょうか。

ちなみに、この実験の事前仮説は、「マネージャーの重要性は低く、マネージャーの質はチームのパフォーマンスに影響を与えない。マネージャーはあまり好ましくないがやむをえないもので、官僚的なレイヤーにすぎない」というものでした。

しかし、この仮説は外れ、結論は全くの正反対で「マネージャーは極めて重要な存在であり、有能なマネージャーがいるチームは、満足度も生産性も他に比べて高い」という結果が出ました。

私もこれからの時代、よりマネージャーの存在が大事になってくると思っています。経験も、志向性も、雇用形態も、働き方も様々なメンバーを束ね、同じベクトルに向かって頑張る組織をつくるのは簡単ではありませんし、このGoogleの10個の行動規範ができるマネージャーも多くはないと思います。

ただ、間違いなくカルチャーデザインのキーマンはマネージャーなので、このようなマネージャーを育てていけるかが、会社としての経営課題になってくるでしょう。

カルチャーを言語化する

「カルチャー」という得体の知れないフワフワとしたものは、目に見えないものなので、ちゃんと言語化しておく必要があります。

カルチャーを言語化するということは、その会社の価値観を明確にするということなのですが、これは欲しい人材の採用にも、退職率を下げることにも効いてきます。詳細な内容については第4章でご紹介できればと思いますが、私の会社では「カルチャーブック」というものをつくって、カルチャーの言語化をしています(他社では、カルチャーコードと呼んでいるところもあります)。

　カルチャーブックはその会社の価値観なので、ここを目指しましょう、というビジョンのような壮大な内容ではなく、まさに日常の当たり前として全員が意識すべき内容になります。

　自律自走型組織は、メンバーの自由度が高いのですが、全員が好き勝手やってしまっては組織として上手くいきませんし、自由にやらせておいて、後から「それはよくない」と怒られて

カルチャーブックの例

不機嫌は誰も幸せにしません。
毎日ご機嫌に過ごせるわけではないし
仕事やプライベートで嫌なことがある時もありますが。

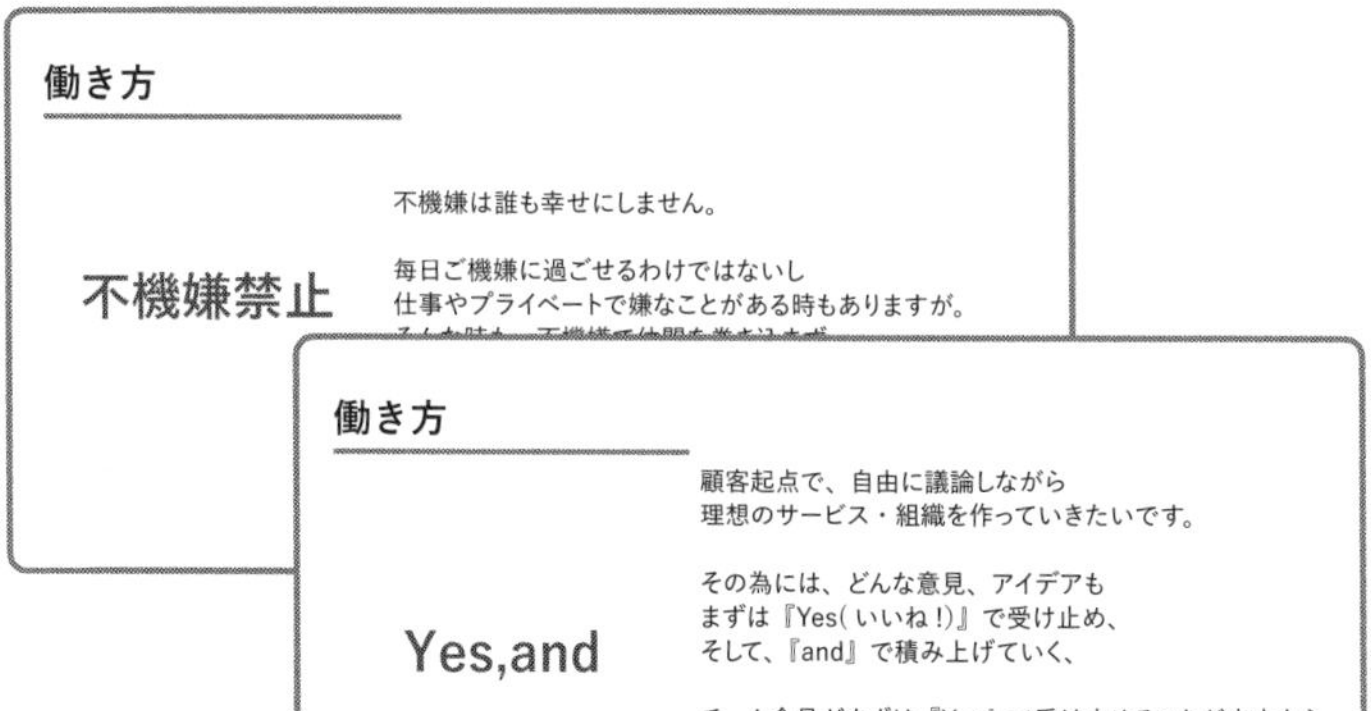
顧客起点で、自由に議論しながら
理想のサービス・組織を作っていきたいです。
その為には、どんな意見、アイデアも
そして、『and』で積み上げていく、
チーム全員がまずは『Yes』で受け止めることが出来たら、
きっと居心地のいい、安心して意見がいえる
強いチームになると思います。

しまうのであれば、それは自由ではないと感じてしまいます。**自由度の高い組織だからこそ、NGゾーンを明確にすることで、それ以外はOKゾーンとして、安心して自由に行動することができます。**

ちなみにカルチャーは、会社全体としてのカルチャーもあれば、グループとしてのカルチャーもつくることができます。もちろん、会社全体や部門の価値観や戦略を踏襲しつつ、自分たちのグループは日常、どんな価値観、スタンスで仕事をしていくのかということを共通の価値観として決めていきます。これをちゃんと言語化し、メンバー個々人が意識して推進していくことで、グループのカルチャーができていきます。

カルチャーというのは、すぐにできるものではないのですが、意識すれば確実に変えていくことはできます。変わらないものと諦めてしまうのではなく、働く仲間で一緒につくっていくべきものだと思っています。

カルチャーフィット採用

「Doingで入社して、Beingで辞める」人が多いというお話をしましたが、企業側からするとカルチャーフィットしていない人を採用してしまうと、その個人だけの問題というよりは、組織に悪影響を及ぼしてしまうことも多いです。

仲間の存在は日常にダイレクトに影響するので、「誰と仕事するか?」というのはとても大事な要素です。その仲間を探す、選ぶというのが採用になるわけですが、より大事になってくるのが「カルチャーフィット採用」です。カルチャーフィット採用と言っても、カルチャーだけが採用基準になるということではなく、スキルフィットだけではなく、ちゃんとカルチャーが合っているか、入社後組織に馴染めるか、長く活躍していってくれるかなどをちゃんと見極めるということです。

新卒採用であれば職務経験はないので、学生時代に学んできたことや取り組んできたことでポテンシャルやカルチャーフィットで判断していることが多いのですが、中途採用は即戦力性を求めるので、スキルフィットが主な判断基準になります。採用で機能として足りないパーツを手に入れると考えるのであれば、その機能が補えればいいと思うかもしれませんが、それでは組織は上手くいきません。スキルをチェックするのは当然のことかと思いますが、それだけで採用してしまうと、入ったけれども会社に合わず、早期に退職してしまったり、組織に悪影響を及ぼします。組織は個人の集合体として成り立つので、スキルだけではなく、カルチャーが合うかどうかというのは、組織をつくっていく上でとても重要です。

カルチャーフィット採用するためには、自社のカルチャーが言語化されていることと同時に、応募者とカルチャーについて議論することが大事になります。その企業の経営者や社員が、どんな価値観、どんな能力、どんな働き方、どんなマネジメントをしているかといったところを理解した上で選んでもらうこと、場合によっては合わないと感じて、辞退してもらうことが必要です。

よくあるケースが、採用したいばかりに、いいことばかりを伝えてしまい、入社後「こんなはずじゃなかった」という状態が生まれてしまうことです。これは

双方にとって最悪です。採用はゴールではなくスタートなので、入社後のカルチャーフィットや活躍イメージを採用時点でしっかり持てるかが大事なジャッジ基準となります。

Part 4

カルチャー×デザイン思考

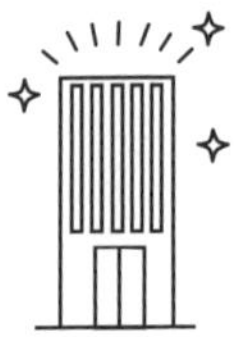

デザイン思考はカルチャーにも使える

会社が「社員を幸せにしたい」と思ったとして、具体的にどうすればいいのでしょうか。

私の会社では「デザイン思考」という手法を使ってカルチャーをつくってきました。**デザイン思考とはイノベーティブに課題解決する考え方で、Human-Centric（人間中心の考え方で、人の感情に着目）に問題の本質を捉え、5つのステップ（共感→問題定義→創造→プロトタイプ→テスト）で進めることでイノ**

ベーションが起こせるというものです。シリコンバレーでは企業のＯＳ（Operating System）と言われていて、どの企業もデザイン思考を用いて事業開発を行っています。

このようにデザイン思考は通常、新規事業などの事業開発で用いられるのですが、私はこのデザイン思考を学んだときに最初に思ったのは、「これ、事業開発じゃなくて、カルチャーにも使える！」でした。どこでそう思ったかというと「Human-Centric」という考え方は、通常はユーザーの感情を捉えることですが、人事としては社員の感情に着目することと同じだと考えました。

私はリクルートの人事として、人事制度企画、異動や評価といった人事運用、組織開発、人材開発など幅広く経験させてもらいましたが、そこで感じていたのは、「リクルートであっても人事の考え方は古い」ということです。これは私が事業出身の人事素人だったからそう思ったのですが、何か判断するときは前例主義、ルール主義で、平等、フェア、全体最適を大事にするあまり、目の前の社員１人

1人を見ておらず、全然Human-Centricじゃないと感じました。もちろんこれが人事の仕事だと思うのですが、社員を幸せにしている感じはありませんでした。

これはリクルートに限らずですが、事業が上手くいくためにどうするか、社員がイキイキ働くためにどうするかではなく、人事制度の番人として、いかに自分たちのルールを守らせるかということに固執してしまっているところが問題だと思っています。

では、デザイン思考でカルチャーを考えるとはどういうことか。私自身が

デザイン思考の5つのステップ

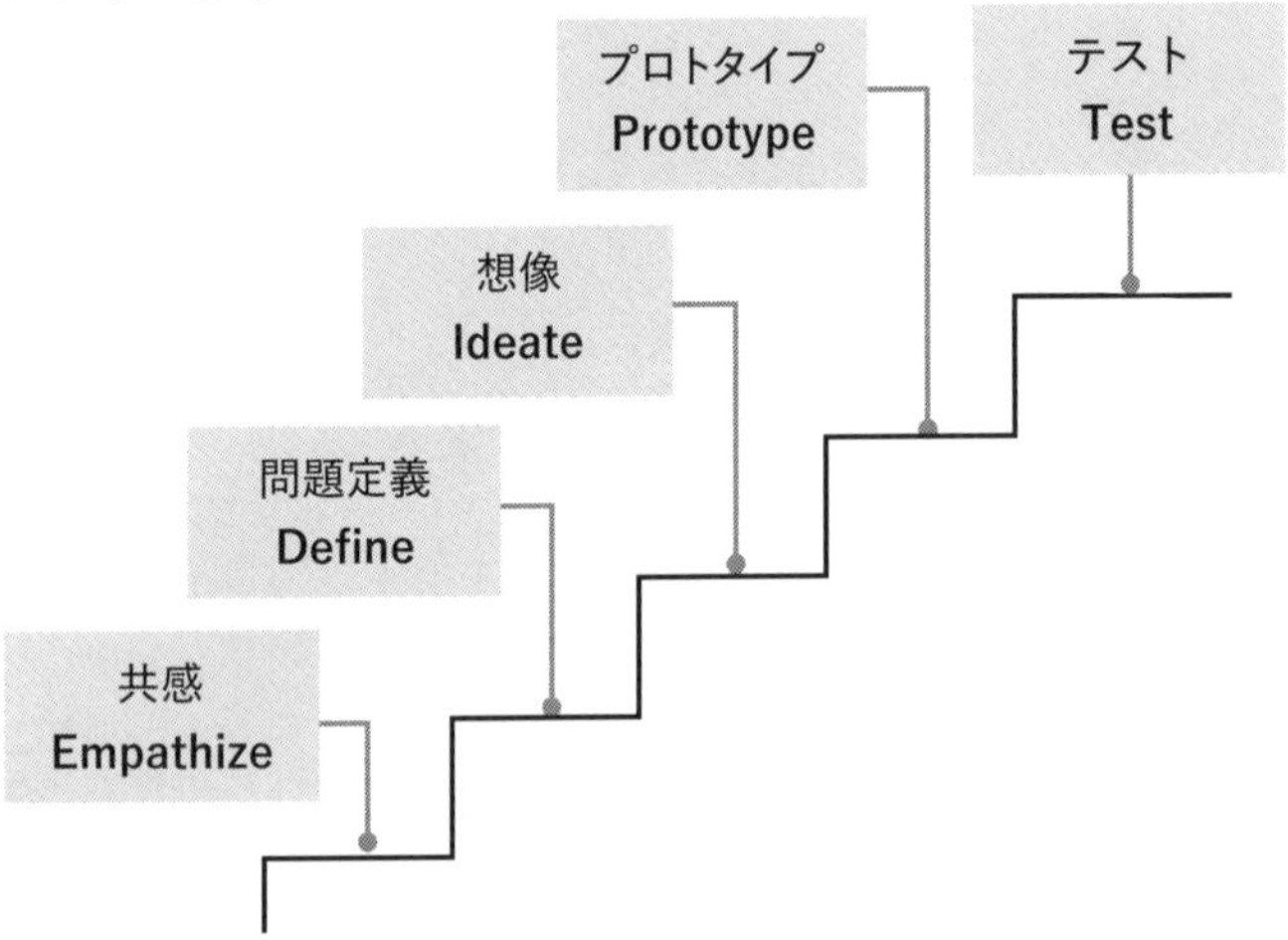

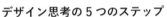

立てた問いは、「どうすれば、社員の働く、生きるを、幸せにできるか」でした。Human-Centricという考え方をベースに置き、社員の気持ちを観察し、問題定義し、どんなことができるかアイデア出しをして、プロトタイプの制度やルールをつくって、実際にやってみる。その上で、またこのサイクルを回していくことでブラッシュアップさせていきます。

こう書くと、当たり前のことを言っているような気がするのですが、多くの会社では人事制度や会社のルールは変わらないものとして運用しているところが多い気がします。

もちろん、コロコロ変えてしまっては信用を無くしたり、不安になってしまうこともありますが、社会の変化、事業の変化が激しい中で、人事制度だけが全く変わらないというのは、大きくバランスを崩すことになります。

人事というのは目的ではなく、あくまで手段。事業のため、組織のために、人事制度や運用ルールを柔軟に変化させていくような戦略人事が求められています。

ここからは、デザイン思考のステップごとに、どのように進めていくかを具体的に見ていきます。

ちなみに、通常の事業開発のデザイン思考とは違って、私のオリジナルの部分が多分に入っているので、細かいデザイン思考のお作法については、今回はあまり気にしないで頂ければと思います。

また、前提として、デザイン思考は1人で黙々と机に向かってやるものではありません。できるだけ、部署、職種、役職など属性の異なる人で議論するとよりいいものが生まれてくると思います。

共感（カルチャー×デザイン思考①）

デザイン思考のファーストステップは共感です。この共感では、ユーザーをしっかり観察して、気持ちを捉えていくことが一番大事です。

通常はユーザーインタビューを通してカスタマージャーニーを明らかにしたり、ユーザーの行動を観察する中からインサイトを見つけていくというフェーズです。

カルチャーデザインであっても同じで、まずはHuman-Centricを大事に、社員の感情を捉えにいきます。これは社員との面談や社内アンケートやエンゲージメントサーベイなど、既に実施しているものからも見ることもできます。

ただ、大事なのは「感情」なので、スコアが何点でAだ、Bだみたいな結果ではなく、そこに紐づく定性コメントを読み込んでいく中で、「誰（またはどんな属性の人）が」「なぜ」「どんな気持ちなのか」を理解していきます。

社員の「感情」をカスタマージャーニーで捉えにいく

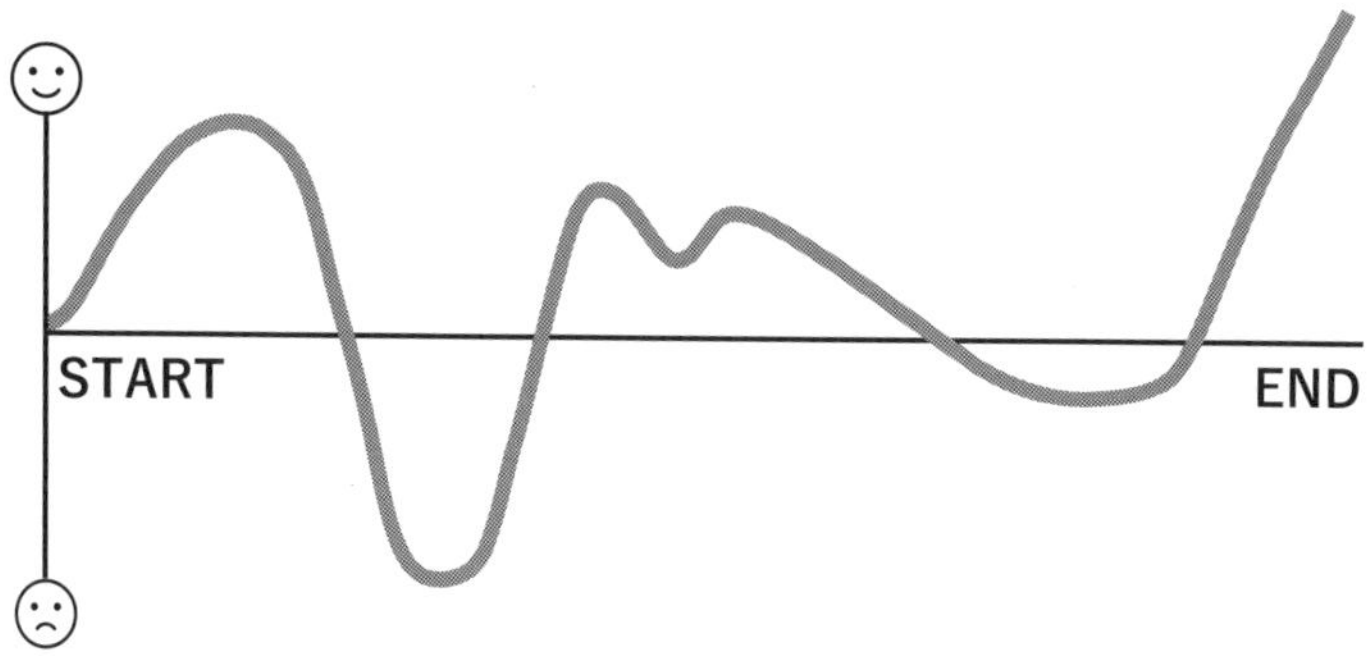

私がリクルートの人事時代は、自己申告制度という社員アンケートを年2回実施していました。そこでは、記名式で、「自分のキャリアについて」と「会社・組織について」について、満足度と定性コメントを書くという内容でした。「自分のキャリアについて」は現在の職場での満足度とその理由、異動希望の有無とタイミング、その内容を聞いていて、「会社・組織について」は職場の満足度とその理由、改善点などを聞いていました。

私はこの自己申告制度も担当していて、毎回1000件近くの内容を全部読み込みますし、当時は面談希望に対して、人事や役員、社長との面談もしていたので、とても手厚く社員の生の声を聞くことを意識していました。

アンケートであり、面談であり、ここで聞いた社員の生声は個別で対応することは即対応しつつ、組織として対応していくものについては、内容を分類して、優先順位を付け、打ち手もセットで役員会で議論していました。

ここから人事制度を変えたり、次のタイミングの組織構築や人事異動に反映させたり、戦略に組み込んだりと、生の声があったからこそ、ものすごいスピードで動かしていくことができました。

カルチャーデザインにおける対象は社員なので、社員の感情を捉えるということに、真摯に向き合うのがスタート地点であり、ここが一番大事なポイントになります。

最近はいろいろなサーベイを取る会社も増えてきましたが、アンケートに何度答えても変わらないのであれば、「言っても無駄」と思って、そのうち本音では書いてくれなくなります。そして、急に退職の申し出を受けるビックリ退職につながっていきます。

形式的にアンケートを実施していればいいのではなく、聞くということは、聞いた内容と真摯に向き合うのがセットです。当然、全てが叶うわけではありませんが、その背景や理由の説明があるだけでも納得感は高まりますし、言ってよかったと思ってもらえます。

問題定義（カルチャー×デザイン思考②）

デザイン思考の2つ目のステップは問題定義です。

アンケートや面談の中から把握した社員の感情に対して、問題を定義して、問いを立てます。ここでは「How Might We」というフレームをご紹介します。

「How Might We」は「どうすれば私たちは○○できるか？」という意味なのですが、この問いによって、自分たちで解くべき問題を定義します。

これは1970年代にP&Gによって最初に導入され、その後IDEOによって採用されました。この手法はデザイン思考で人気があり、世界中のデザインファームやデザイン教育機関で使われています。

「can」や「should」ではなく、「might」を使用しているのですが、これは「〜できる」「〜するべきである」といった単語を使うと、問いかけられた側は「本当に〜ができるのだろうか？」「〜すべきなのだろうか？」というように考えてしまいます。ですが、「might」（〜できそうである）という言葉であれば、自由に意見が出しやすいと言われています。

ここでも大事なのは、Human-Centricですので、社員の感情に着目して、悩みやペインをどうすれば取り除くことができるだろうか、どうすれば幸せであり、喜んでもらえるだろうかといった問いを立てていきます。

創造・アイデア（カルチャー×デザイン思考③）

デザイン思考の代名詞ともいえるのが、アイデア出しです。「How Might We」で立てた問いに対して、アイデアを出していきます。

これはもちろん、1人ではできません。アイデアというのは引き出されるものなので、対話をしている中で生まれてきます。なので、カルチャーデザインにおいても、経営者や人事だけが考えるものではなく、現場の社員を巻き込んでアイデア出しをしていきます。

アイデア出しにはいくつかルールがあります。

1つ目はとにかく量を出すこと。アイデア出しでは質より量で、「とにかく量を出した人が偉い!」です。評価、判断をするのは後でやればいいことなので、どんな内容でもいいですし、意見が被ってもいいです。

2つ目は「Yes, and」のスタンスです。「Yes, and」はまずはYes(いいね!)で受け止めて、そこにand(そして……)で意見を重ねていくスタイルです。アイデア出しはとにかく量を出さなければいけないので、「No」や「でも」は禁句です。この言葉はアイ

アイデア出しは質より量

デアを生み出すエネルギーを消し去る悪魔の言葉と思ってください。
最後、3つ目は間違ったアイデアや悪いアイデアというものは無いということです。つまり、なんでも大丈夫なので、安心して、思いついた意見を、遠慮せずドンドン言っていきます。
このアイデア出しのルールは、そのままカルチャーのルールにもできます。私の会社でも「Yes, and」はカルチャーブックに入っていますが、何を言っても、まずは肯定的に受け止めてくれるという安心感は、心理的安全性につながってきます。

アイディア出しをしていて盛り上がるのは、意見が乗っかってくることで発展していくときです。そこから全くの新しいアイディアが出てくると素晴らしいです。自分だけでは言語化することが難しかったことが、仲間と一緒に対話していく中で生まれていきます。

カルチャーデザインにおけるアイデア（具体的施策）としては、会社のパーパス・ビジョン・ミッション・バリューの浸透、等級・評価・給与を中心とした人事制度、働き方改革、採用・育成、マネジメント、人材育成、組織開発、コミュニケーションなど幅広いテーマで出てくると思います。

プロトタイプ（カルチャー×デザイン思考④）

プロトタイプは原型や試作品という意味です。プロダクトやサービスであれば、まずは簡単に模型をつくってみたり、アイデアを形にしていきます。カルチャーデザインにおいては、ソリューションとしての具体的施策を考えていきます。

プロトタイプのフェーズではとにかくスピードが大事です。完成度の高い素晴らしいものをつくるのではなく、まずは手書きで絵にしてみたり、パワーポイントでサクッとストーリーや施策案をつくってみます。ここでも忘れてはいけないのは、社員の感情に着目して、具体的施策に落としていくことであり、この施策をやったときに、社員（の誰）がどんな反応するかまでイメージしていきます。

リクルートでは「フィジビリ（フィジビリティ・スタディ）」といって、事業においても、社内の制度や施策においても、まずはプロトタイプをつくって、すぐにやってみようという文化があります。本当に、数週間や数か月で終わるものも多かったですし、完成度の低い状態でも、まずはやってみて、その結果や反応を見ながら、ブラッシュアップさせていきます。

私自身、当時はデザイン思考など知らなかったのですが、リクルートは元々、顧客視点で、フィジビリ文化なので、自然とデザイン思考を取り入れていたのかなと思います。

テスト（カルチャー×デザイン思考⑤）

デザイン思考の最後のステップがテストです。実際にプロトタイプをユーザーに使ってもらったり、説明して意見をもらいます。そして、またユーザーの感情に着目して、共感することに立ち戻ります。つまり、デザイン思考というのは、「共感→問題定義→創造→プロトタイプ→テスト」の5つのステップの繰り返しです。Human-Centricにこの繰り返しをしていく中で、プロダクトやサービスが磨かれていきます。

私の会社の場合、人事制度や施策を検討しているフェーズで、「今、こんな背景で、こんな課題があるので、こんなことを考えている」という途中経過の共有をマネージャーやメンバーにすることが多いのですが、そこでのフィードバックや反応に対して、さらにブラッシュアップさせていきます。

人事制度や施策というのは流行らないと意味が無いので、ここでもやはり社員の感情に着目するのは大事なポイントです。

「良かれと思って考えた企画が、社員に全然響かない」なんてことはよくある話です。社員の心に響かせるためには、「コンテンツ（内容）＆デリバリー（伝え方）」が大事なのですが、内容はいいのだけど、うまく伝わってないというケースも多いです。だからこそ、実際にテストしてみると、相手の反応がわかるので、それを踏まえて、伝え方を変えるだけでも印象は変わったりします。もちろん、内容に関するフィードバックからもブラッシュアップすることができます。

人事や経営だけで考えて、トップダウンで降ろすのではなく、ちゃんと事前にテストしてみることで、より社員に響く効果的な施策を出すことができます。

カルチャーデザインを戦略的、意識的に取り組んでいる会社はまだ多くありません。ただ、Human-Centricを大事に、デザイン思考のステップに沿って考えていけば、イノベーションが起こせるように、カルチャーデザインにおいても、このステップで考えていけば、必ず組織は変わりますし、復活し、息を吹き返してきます。

この「カルチャー×デザイン思考」のアプローチは、経営者でも、人事でも、現場のプロジェクトチームでも、誰かが旗を掲げるところから始まります。そこから経営者含め、社内の仲間を巻き込みながら、シンプルにいい会社、いい組織づくりにチャレンジしていく。それが社員の仲間にとってプラスになることはもちろん、会社や事業の成果・成長に繋がっていきます。

これまでのやり方が正しいと決めつけるのではなく、Human-Centricで考えていくことで、独自性の高い、強いカルチャーをつくっていくことができます。

COLUMN 本との対話①「生き残ることと幸福になること」

「働く」ことについての本当に大切なこと（白桃書房）／古野庸一

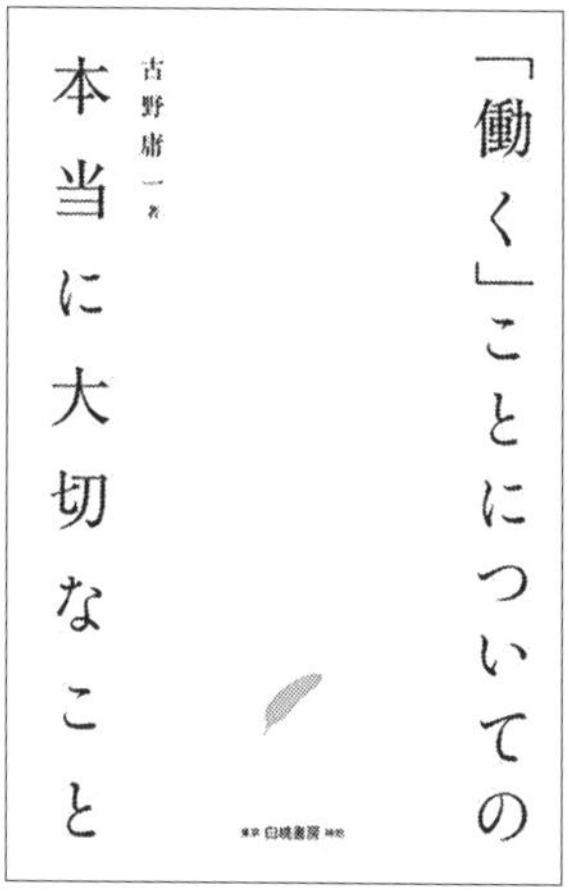

著者の古野さんはリクルートの大先輩なので当然存じ上げていたのですが、私とは部門が違ったので、直接は面識がありませんでした。ただ、私はこの本を読んだとき、「私が思っていることをここまで完璧に言語化している本があるなんて！」と衝撃が走り、居ても立っても居られなくなり、友人にお願いをして、古野さんに繋いで頂き、Ａ４用紙10枚の感想文を持って、オフィスまでお会いしに行きました。

そのときをご縁に、ミライフキャリアデザインのプログラムにアドバイス頂いたり、ご講演頂いたり、キャリア自律のイベントに一緒に登壇させて頂いたりと、光栄にもたくさんご一緒させて頂いております。

この本では、「働くことを通じて、『生き残る』ことと『幸福になる』ことを両立させる」ことが大切というメッセージから始まるのですが、キャリアの本というと、スキルや資格、自己啓発といった本か、「自分らしく、好きに、楽しく、自由に生きましょう」といった生き方の本のどっちかに寄ってしまうことが多いです。その中で、この本は古野さんの豊富なご経験やアカデミックな研究をベースに、とても本質的な内容になっています。

何のために働くのか？
働く意味とは何だろうか？

私自身、働くことが大好きなので、若いときは没頭するように朝から晩まで働いていました。これはこれで成長感、達成感を感じられてとても幸せでした。ただ、結婚して、子供が生まれて、「家族」という新しい大切なものを手に入れたとき、「このままでは絶対に後悔する」と思いました。私はたまたま自分で気づけたのでよかったのですが、ここに気づかず、モードチェンジができず、家族関係が上手くいかなくなったり、体調を壊して気づくという人も多いのではないでしょうか。

古野さんは「生き残ることと幸福になること」と言っていて、私は「働く、生きるを、HAPPYに」をミライフのミッションにしているのですが、バリバリ働いてきた私たちが仕事だけではなく、人生の幸せということを掲げているのが共通点です。古野さんは大きな病気になったこと、私は男性育休を取ったことをきっかけに仕事だけではなく、この幸せというものに気づくことができました。

第1章では「性格のいい会社は、社員を幸せにする会社」であり、「社員のWORKもLIFEも幸せにする」と書きました。大事なのはバランスとタイミングです。仕事か家族か、お金か自由か、みたいなシンプルな二択ではなく、人それぞれのバランスがありますし、同じ人でも若いときと、子育て期とタイミングが変わればバランスも変わってきます。社会人何年目だから、女性だから、普通は〇〇だから、と一律で括るのではなく、その個々の状況に合わせて、社員の「働く、生きるを、HAPPYに」していく。ヒト・ヒト・ヒト・ヒトの時代だからこそ、ここまでやることが必要なんだと思います。

第2章

make employees happy at work

社員のWORKを幸せにする

第2章ではまず「社員のWORKを幸せにする」というテーマで説明していきます。

幸せにするというと、楽できるとか、自由に、好き勝手やっていいと思う人もいるかもしれませんが、そういうことではありません。仕事における幸せというのは、仕事を通じて、自分の存在価値・介在価値を感じられたり、成長・成功体験をすることだと思っています。

日本は世界と比べワークエンゲージメントが低いと言われていますが、もっと働くことは喜びであり、仕事は楽しいものだと体感してほしいと思っています。

社員のWORKを幸せにするということは、すなわち仕事体験を向上させていくと言い換えられるかと思います。

ここでは社員の仕事体験を向上させる4つのテーマをご紹介します。

①パーパス

②自律自走

③成長

④仲間

これらは私が20年近く人事・人材ビジネスの仕事をやってきて、日々、キャリア相談に乗るなかで聞いてきた「人が会社を辞めたくなる理由」です。特に「優秀な人材」が辞めたくなる理由をベースに設計しています。また、これは辞めたくなる理由であると同時に、会社を選ぶ理由でもあるので、このテーマに取り組んでいくことで、採用に強い会社をつくっていくことにもなります。

この4つのテーマは人事制度も、事業内容も会社の規模も関係なく、どんな企業でも日常の現場で意識していくことで、劇的に社員の仕事体験を変えていくことができます。言い換えると、仕事の幸せは現場であり、日常でしかつくれないと思っているので、いかにそのような体験をつくっていけるかが、これからのマネージャーには求められています。「社員のWORKを幸せにする」キーマンは現場のマネージャーです。

では、4つのテーマについてそれぞれ見ていきましょう。

Part 1

パーパス

近頃よく聞く「パーパス」って何？

昨今、パーパスという言葉はビジネスの現場でよく聞かれるようになりました。パーパスというと何のことだろう？　と難しく思ってしまうかもしれませんが、パーパス（purpose）を直訳すると「目的」なので、「何のために存在しているのか」という、ｗｈｙがパーパスです。

パーパスと同じようにビジョン、ミッション、バリューも会社の価値観や想いとして使われることが多いので、一度、定義をすり合わせてみましょう。

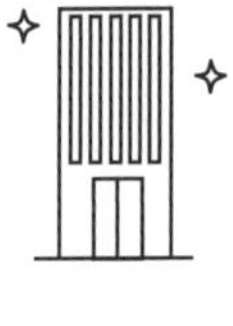

①パーパス　：Why　→何のために存在しているのか
②ビジョン　：Where　→どこに向かうのか。目指すべき理想像
③ミッション：What　→何をするのか。実現すべき使命
④バリュー　：How　→どのようにするのか。大切にする行動規範

会社によっては、①→②→③→④の順番で目指すべき理想像から逆算でミッションを考えている会社もあれば、①→③→④→②とミッションを積み上げていった結果、ビジョンに繋がると考える会社もあります。

山の登り方はいろいろあるかもしれませんが、原点は「パーパス」です。何のために存在しているのかというのが明確であれば、迷ったときにこの原点に戻ってくれれば、いい判断ができます。

言っていることとやってることが違うのが最悪

パーパスというのは「何のために存在しているのか」であり、言い換えると「誰のために、何をするか」ということなのですが、これを見失ってしまうと、仕事でのやりがいを感じられません。私はこのパーパスを見失ってしまった迷子の方々のキャリア相談に乗ることが多いのですが、**みなさんが言っていることはほぼ同じで、「シンプルに社会のため、顧客のために頑張りたい」ということです。**

自分の仕事が社会にとって、顧客にとって何の意味があるのか、どんな役に立っているのか、そんな介在価値や意味、意義といったものが感じられていない人が多いです。さぼりたいわけでも、楽をしたいわけでもなく、もっと顧客のために頑張りたいと悩んでいるわけです。

社員の方々が会社のパーパスとのズレを感じるのは、「言っていることとやっていることが違う」時です。これを紐解いていくと、大体の場合「うちの会社は数字（業績やＫＰＩ）しか考えてない」であったり、「社内政治や内向き組織」という内容に繋がってきます。**「誰のために」が顧客のためではなく、自社のためになってしまうと、社員は急速に冷めていってしまいます。**

どの会社もパーパスやビジョンとして掲げている内容は、そんなに悪い内容だということはありません。むしろそこに共感して、いい仲間が集まって来ているのだと思います。ただ、言っている内容と実際にやっていることに差異があり、日々のマネジメントや会社からのメッセージがズレると、納得

パーパスが原点

パーパス	Why	何のために存在しているのか？
ビジョン	Where	どこに向かうのか？ 目指すべき理想像
ミッション	What	何をするのか。実現すべき使命
バリュー	How	どのようにするのか。大切にする行動規範

感が無かったり、不信感を抱いてしまうことになります。

冒頭にご紹介させて頂きましたが、私自身、ミライフの経営において、「言っていることとやっていることが違う」と社員に真正面から言われ、そこから組織崩壊を起こしてしまった経験があります。経営側が思っていることというのは、社員にはうまく伝わらないものです。だからこそ、ちゃんとメッセージが相手に伝わっているかどうかには気を遣う必要があります。

マネージャーがパーパスを日常に接続する

会社のパーパスや戦略が、日常のマネジメントに繋がってくるのですが、この一貫性が本当に大事です。そして、この経営のメッセージと現場の日常を接続するキーマンがマネージャーです。

私は実はパーパスの中身よりも、この接続が一番大事なのではないかと思っています。先ほど書いた通り、ほとんどの会社はパーパスの内容が間違っているということはなく、解釈がズレているというのが多いと思っているからです。

なぜ経営陣と現場のメンバーで解釈がズレるのかというと、経営と現場では見ている時間軸が違うからです。経営はビジョンやパーパスのような「どこに向かうのか、なぜするのか（未来）」といったことを日々考えていますが、現場ではミッションやバリューといった「今やること（日常）」に必死になっており、時間軸が違うので、ちゃんと構造や繋がりを説明しないとわかってもらえません。

パーパスやビジョンは未来についてのことを言っているので、キレイな言葉やメッセージになりがちですが、実際の現場や日常はもっと泥臭いことをやっていかないといけません。ミッション、バリューは日常業務と元々繋がっていることが多いのでズレにくいので、気にならないのですが、パーパスやビジョンはちゃんと意味共有していかないと、すぐにズレてしまい、それが違和感、不信感に繋がってしまいます。

会社のパーパスと自部門のパーパスを接続するというのは、会社のパーパスに向かっていくために、自部門は「誰のために、何をするのか」を明確にすることです。

自部門のパーパスが言語化されていないのであれば、チームみんなで作成することをお勧めします。マネージャーがもっともらしいことをトップダウンで伝えるのではなく、チームで議論する中でつくっていけばいいのです。自分たちの顧客は誰で、その顧客は何に困っていて、何を求めていて、自分たちは何をしていくのか。顧客にとって理想の状態はどのようなもので、そのときは自分たちは顧客にとってどんな存在で、どんな言葉を掛けてもらえるのか。そんな内容をグループで議論していくことで、メンバーにとって、日常の仕事においてもパーパスを感じられる仕事ができるようになります。

このレイヤーの異なるパーパスを繋げていく、意味付けしていくのがマネー

ジャーの大事な役割です。新しく組織が出来たとき、新しいメンバーが増えたときに、すぐに目の前の仕事の話、数字の話をするのではなく、少し時間を取って、このパーパスの意味共有、繋がりについて、組織全体で、またはメンバー個々人と議論していく。このひと手間がメンバーにとっての、ここで働く意味であり、働く幸せをつくっていきます。

自分たちの会社は社会にとって何のために存在しているのか
自分たちの組織は顧客にとって何のために存在しているのか

会社として、事業としてやっている以上、ちゃんと価値を提供して、対価を頂くことは当然だと思っていますし、ここまではみんなわかっています。わかっているのだけど、「うちの会社は数字しか考えてない」と感じるということは、やはりパーパスを見失ってしまっているのです。

目的と目標の違いについては前述しましたが、これが入れ替わってはいけないですし、マネージャーとしては常にメンバーにこのパーパスを意識してもらうことが大事です。そして、会社と自部門のパーパスは繋がっているということを都度浸透させていくことで、メンバーや組織のエネルギーが社会や顧客に向かって、最大限発揮される自律自走型の組織になっていきます。

組織と個人のパーパスを繋げる

個人のビジョンと聞くと無いと答えるいう人もいるかもしれませんが、パーパスは必ずあります。これはメンバー個々人が「何のために、この会社にいるのか」ということです。もちろん目的は様々で、ビジョン・ミッションへの共感、事業への興味、成長、仲間、給料、福利厚生などあると思いますが、まずは個々人がパーパスをちゃんと言語化し、その上司であるマネージャーがそれを理解すること、そして、組織のパーパスと個人のパーパスを繋げていくことで、メンバーが仕事に対して、会社に対して、当事者意識を持てるようになっていきます。

個人のパーパスなど考えたことが無いという人もいるかもしれませんが、それぞれ、この会社に入社した理由がありますし、辞めずに残っている理由があります。今の仕事や職場を通じてやりがいを感じたり、感謝もあるかと思います。これらは全部パーパスに繋がります。「自分は何のために、この会社にいるのか」を言語化して置いてみることで、目の前の仕事に対して、自分なりの意味づけができるようになります。

また、メンバー個人のパーパスをちゃんと理解した上で、マネジメントしていくことがとても重要です。個人のパーパスに向かうために、次のステップとしてどうすればいいか議論したり、チャンスをどんどん与えていくといったパーパスのマネジメントが求められています。それを無視していくと、メンバーのモチベーションやエンゲージメントは下がりますし、結果として退職リスクは高まってしまいます。

パーパスは採用にとっても重要

パーパスを明確にしていくこと、そしてしっかりと組織、個人に接続していくことは退職率低下や成果に繋がるだけではなく、採用にとっても重要な武器になります。実際、転職理由および志望理由の中で、「自分の仕事は何の役に立っているんだろう？」とか、「誰にも喜んでもらえない」と感じている人は、実はとても多いので、転職するのであれば「社会・顧客に貢献したい」と思うのも自然なのかもしれません。

私自身、採用の仕事を長くしてきましたが、パーパスやビジョン・ミッション・バリューがはっきりしている会社には、そこに共感して人が集まってきます。**これは特に知名度がない中小・ベンチャー企業であればあるほど、大事なポイントだと思っています。**大手企業はそもそもネームバリューで集まってくる部分もありますし、規模が大きく、事業が多いがゆえ、このメッセージが抽象的でぼやけてしまうことが多く、あまり武器になっていませんが、知名度がないからこそ、このメッセージが武器になりますし、ただ集まるだけではなく、ここに共感して、同じ志を持ったいい人材が集まってくることに繋がってくるわけです。

パーパスワークショップ

せっかくなので、私がやっているパーパスワークショップをご紹介します。これは部やグループ単位でのパーパスを議論して、「自分たちは、誰のために、何をするのか」を明確にしていくのに役立ちます。

次ページの図にあるように、まずは縦軸に「誰のために」ということで、「社会のため」「お客様のため」「自分たちの組織にとって」と書き、横軸に「ありたい姿(理想像)」「どうすればできるのか?」と置きます。

あとは1つのブロックずつ、議論していくのですが、まずは「ありたい姿」から縦にやっていきます。最初の数分で、メンバー各々が自分の意見を付箋に書いていきます。これはデザイン思考のアイデア出し同様、多ければ多いほどいいので、数を競って出していきます。全員が書けたところで、メンバーみんなで想いを共有しながら、付箋をペタペタと貼っていきます。

ちなみに、共有できるスプレッドシートなどを用意しておけば、オンラインでも実施可能です。

「社会のため、お客様のために自分たちはどうありたいのか」をみんなで議論するだけでも、かなりパーパスの共有や浸透度が高まります。そこに「自分たちの組織はどうありたいか」も議

パーパスワークショップ

	ありたい姿（理想像）	どうすればできるのか？
社会のため		
お客様のため		
自分たちの組織にとって		

論することで、カルチャーとしての共通の価値観も見えてきます。
「ありたい姿」を掲げたら、次は「どうすればできるのか?」も、みんなで議論していきます。ありたい姿に比べて、アイデアを出すのが難しく、付箋の数は減ってしまうのですが、出てきた付箋をベースに、みんなでやれることをディスカッションしていくと、そこから新しい施策が生まれたり、メンバーが当事者意識を持って、行動するようになります。

私はこのワークショップを何度もやってきましたが、毎回やってよかったと思います。パーパスというのは、頭で考えるものではなく、心で感じるものです。キレイな言葉で上から降ってきても、なかなか浸透しないのですが、このようにみんなで想いを語っていくと、自然とパーパスが浸透し、想いを持って行動していくようになります。ぜひ、やってみてください。

Part 2

自律自走

北風と太陽

昨今、自律自走はマネジメントにおけるキーワードになっていますが、働く社員も自律自走で、裁量をもって働けたら、もっと幸せを感じられるはずと思っている人は多いです。幸福学的にも自己決定が幸福度を上げると言われていますので、自律自走型の組織をつくれたら、会社にとっても、社員にとっても幸せに繋がりそうです。

そんな自律自走を促すマネジメントの話をするときによく例に出すのが「北風と太陽」というイソップ寓話です。この話は有名なので多くの方がご存じだと思います。おさらいですが、簡単なあらすじです。

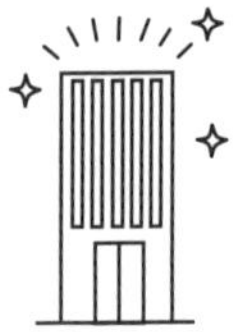

北風と太陽が力比べをしようと、通りすがりの旅人のコートを脱がせることができるかという勝負をします。まず、北風が力いっぱい風を吹いてコートを吹き飛ばそうとします。しかし寒さを避けようと旅人がコートをしっかり押さえてしまい、北風は旅人の服を脱がせることができませんでした。次に、太陽が照りつけたところ、旅人は暑さに耐え切れず、今度は自分からコートを脱ぎました。

私はこの本が大好きで、自分の中のマネジメントの教科書として、席の近くに置いています。みんなが知っている話なので、このような北風マネジメント、即ち、力でねじ伏せるといったやり方が上手くいかないことはなんとなくわかってますし、きっと望ましくないと感じているのではないでしょうか。一方で、仕事においてはこのような北風マネジメントをしているマネージャーは実に多いです。マネジメントについてはピーター・ドラッカーが有名ですが、名著『マネジメント』の中で、「マネージャーとは組織の成果に責任を持つ人物」と定義されています。トップダウンのマイクロマネジメントで詰めていく北風アプローチでは、仮に短期的には何とかなったとしても、人が付いてこない、育たない、辞めてしまうなど、継続的に成果が出し続けるのは難しいです。

前述の通り、経営者や人事の方と話していると、「自律自走した人が欲しい」「自律自走の組織をつくりたい」とよく言われます。まさに変化の時代だからこそ、その変化に柔軟に乗り越えていける自律自走人材を求めるのはよくわかります。一方で、多くの会社は北風アプローチのマネジメントを行っているので、自律自走人材はそのような会社を絶対に選んでくれません。

自律自走人材が入社し、活躍していくためには、WILLを引き出していく太陽アプローチがセットです。マネジメントも急がば回れで、なんでも短期で上手くいく近道ばかり探すのではなく、時間が少し掛かっても、本質を追求できるようなマネージャーの下では人は育ちますし、辞めないので、結果として成果を出し続けられる組織になっていくのではないでしょうか。

自律自走を促すコーチング的マネジメント

昨今、マネージャーに求められている要素が急激に変わってきたと感じています。これまでは、トップから降りてきた戦略、戦術をいかに遂行するかということが求められていて、例えば、短期業績のゴールを達成するため、行動をＫＰＩに落とし込み、その数字を管理して、やり切らせればＯＫでした。ただ、これからはそれでは成果も出なければ、メンバーも付いてきません。

理由の１つ目は、頼りの戦略自体が不確定、不安定であることです。

右肩上がりの高度成長期であり、戦略が連続性のある確かなものであれば、成功パターンに乗っかり、あとはやり切るだけでよかったのですが、今の時代、戦略自体が合っているとも限らないですし、環境の変化も激しい時代です。変化に対応していくためにも、トップダウンだけではなく、顧客に一番近いところで頑張っているメンバーの声を拾い上げていくことが必要です。

2つ目の理由は、メンバーの経験や家庭環境、雇用形態などが様々になってきているからです。

これまでは一律的な指示をトップダウンで落としていけばよかったかもしれませんが、メンバー個々の経験や状況が異なる中で、一律のマネジメントは通用しません。また、最近は在宅勤務で働く人も増えてきていますので、目の前で仕事をしているか見るわけにもいきません。全てを管理するやり方が限界を迎えているように感じます。だからこそ、個々の個性や状況を理解した上で、個別のマネジメントをしていくことが求められています。

社員の幸せを考える上でも、いかに自律自走型の組織を目指していくかというのがカギになります。管理型過ぎる組織だと裁量や自己決定感がなく、どうしても受け身だったり、やらされ仕事のように感じてしまいます。

これからの時代は、上司が正解を持って、トップダウンでマイクロマネジメントしていくのには限界があり、メンバーと共に顧客起点で正解を探しに行かなければなりません。顧客に一番近いのはメンバーなので、そのメンバーの自律自走を促すコーチング的マネジメントが求められてくるでしょう。

「信じて待つ」こそ上司の仕事

自律自走を促すマネジメントに欠かせないのが信頼関係です。
私が日々、キャリア相談に乗っていても、上司のマネジメントスタイルやコミュニケーションが合わなくて、会社を辞めたいと思っている人はとても多いです。特にトップダウンのマイクロマネジメントをされると、信頼されてないと感じたり、自分の裁量で工夫をすることもできず、仕事がつまらなくなっていきます。

パーパスのところでも書きましたが、「シンプルに社会のため、顧客のために頑張りたい」という方は多いので、そこさえ握っておけば、ガチガチに管理されなくても、顧客のために頑張るはずです。私はマネジメントの信条として「信じて待つ」と決めているのですが、これは口で言うほど簡単ではありません。

まず信じるためには、そのメンバーのことをよく知らないといけません。スキル、経験もそうですし、何が得意で、何が嫌いかという好み、将来どうなりたいのかといったキャリアビジョン、今の状況に対する仕事のモチベーションやキャパシティや、どうすれば個性を活かすことができるかをちゃんと理解しておかないと、そもそも仕事を任せる際に「大丈夫！」と信じることが出来ません。そして、このメンバーなら大丈夫！と思ったら、思い切って任せて、成果につながるのをちゃんと待つ。この待つということがとても大事だと思っていて、短期のマイクロマネジメントで管理する、待てない上司の下では人は育たないと思っています。

もちろん、すぐに成果を出せるわけではないのですが、ちゃんと任された仕事に対して、自分で考え、自分で行動して出した成果は再現性がありますので、継続して成果を出してくれたり、違う仕事を任せてもまた成果を出してきます。**待つのは苦しいのですが、「信じて待つ」ことこそ上司の仕事ではないかと思ってい**

ます。

簡単なようで難しいことかもしれませんが、こんな上司がいてくれたら、きっとメンバーは思いっきり頑張ってくれるのではないでしょうか。

フィードバックは「Good & More」

よく「任せる」というと、何も口出ししてはいけないと思う人もいるのですが、任せたと言って放置するのは丸投げです。任せるというのは口出ししないことではありません。メンバーの仕事、プロセスを見守って、声を掛けたり、相談に乗ったりすることも大事です。任せた仕事が上手くいくこと、成果を出すことがゴールなので、成功するためにちゃんとバックアップする必要があります。

「自律自走」は言うは易し、行うは難しの代名詞みたいな言葉で、頭ではわかっても、実際にはなかなかできません。どうすれば自律自走できるようになるかというと、ズバリ成功体験が必要です。自分で考えて、自分で行動しても、それが独りよがりになってしまったら仕事は上手くいきませんし、誰にも相談せず、誰も巻き込まない仕事では自分のできる範囲のことしかできないので、これも上手くいきません。

自律自走の成功体験の起点はパーパスにあり、そこから目標を明確に設定して、走り出す。そして、本人が自分で走り出したら、最初は伴走していきながらサポートしていくのですが、ここで効果を発揮するのが、フィードバックです。あくまで本人が考え、行動したことに対して意見を伝えるのであって、できてないことだけを詰めたり、ガチガチに管理したり、本人より先回りして、教えてあげることではありません。

フィードバックはシンプルに「Good & More」の両方を伝えるのがお勧めです。メンバーの考えたこと、行動したことに対して、Goodとしていいところはしっかり褒める、認めることで、メンバーとしては「これでよかったんだ！」と安心して、自信を持って行動が出来るようになります。**Moreはダメ出しではなく、「もっと良くするために」という建設的アドバイスや期待を伝えます。具体的で、前向きなフィードバックは自律自走の力になっていきます。**

誰でも最初から自律自走できる人はいません。最初は「これでいいのか？」「上手くいくのか？」と不安を抱きながらもがいています。だからこそ、このタイミングで、ちゃんと伴走して、フィードバックをしてくれる上司や同僚には感謝しかありません。

詳細は第4章でご紹介しますが、ミライフでは「自律自走の起点」となるミーティングを毎月実施しています。ここではメンバー各々が月間の振り返りと来月のアクションテーマをフリーフォーマットでプレゼンするのですが、それに対して、上司、仲間全員からフィードバックをしていきます。自分が頑張っていることを理解してもらった上での、Good & Moreのフィードバックは本当に心に染みますし、頑張るエネルギーになります。

上司のために、業績のために報告するのではなく、自分の想いを発表して、それを応援してくれる仲間がいる。そして、フィードバックをもらうことで、迷わずに自律自走していけるようになるのです。

マネジメントスタイルは変えられる

私は、リクルート時代、28歳のときに初めてマネージャーになったのですが、成果至上主義、気合と根性のハードマネジメントタイプでした。自分自身、高いハードル(目標)と期待をしてもらって育ててもらったという成功体験があり、自分自身がマネージャーになっても自然にそのようなマネジメントをしていました。

最初はそれでも結果が出たので良かったのですが、リーマンショック後の経済危機のときに、突然通用しなくなりました。人材ビジネスというのは、基本的に景気と連動します。景気が良くないのであれば、人の採用は控えるという企業の動きになるので、当然業績も下がってしまうわけです。

でも当時の私は、成功体験の塊で、「どんな状況でも頑張ればなんとかなる」と信じていました。それ自体は悪くないのかもしれませんが、メンバーにも同じように押し付けてしまいました。1やってダメなら10、10やってダメなら100というように、とにかくもっともっと頑張れと言って要望し、それにメンバーも応えて頑張ってくれました。しかしながら、世の中の大きな流れには逆らえず、会社としても業績不振で早期退職を行うことになり、実際、私のメンバーも約半分が退職することになりました。私はそのとき、ここまで無理言って頑張ってもらったのに、何もできないどころか、仲間の半分が辞めることになってしまったことに、不甲斐ない思いでいっぱいでした。

そして、それ以降、マネジメントスタイルをガラッと変えました。

気合と根性では社員は守れないですし、なにより社員の人生が幸せになりません。できることは何でもやるのではなく、効率的に行う、やらなくていいことを決めるというマネジメントスタイルに変えていきました。毎日朝から晩まで頑張って、必死の形相で終電に飛び込むような働き方を改め、限られた時間の中で最大限の成果を出すというゲームのルールに変えました。すると、不思議なことに組織はみるみるうちに生き返り、私の支社は全社に先駆けて成果を上げることができるようになりました。これは、私にとっても、「マネジメントスタイルは変えられる」という発見でもあり、成功体験になりました。

マネジメントの役割は与えられた環境の中で最大限の結果を出すこと。人によってマネジメントスタイルが固定されるのではなく、メンバーの経験や人数によっても役割が変わったり、外部環境や事業フェーズによってもスタイルを変更していく必要があります。

マネジメントスキルは誰もが最初から持っているものではなく、後天的に獲得できるスキルです。だからこそ、いろいろなバリエーションを持ち、状況に合わせてマネジメントしていく柔軟性がマネージャーには求められています。

Part 3

成長

仕事の成長は、縦、横、深さ

仕事の成長も社員にとっての幸せの要素です。成長にもいろいろな形があると思うのですが、私はよく、「成長は縦、横、深さ」と言っています。

縦は昇進がわかりやすいですが、プレイヤーがリーダーになり、マネージャーになり、部長、役員と上がっていくことです。視座が上がっていくことで、考えなくてはいけないことが一気に広がります。主にマネジメントが仕事になっていくのですが、マネジメントは「コト（戦略・プロジェクト）」と「ヒト（メンバー）」を見ていくことになるので、自分のことだけではなく、組織として判断するというのも経験としての広がりになります。

マネジメントについては、やりたい、やりたくないという志向性がわかれるところですが、視座が上がる経験をすることは成長につながることなので、もしチャンスがあればやってみることをお勧めしています。

マネジメントをやりたいと言っても認めてもらわないとなれませんが、マネージャーを降りてプレイヤーに戻りたいというのは叶いやすいです。

横は経験の幅です。

「やったことないことにチャレンジする」というのがわかりやすいですが、例えば営業としてインサイドセールスを担っていた人が、後工程のフィールドセールスに異動することや、全くやったことのないマーケティングや人事に異動するといったこともあるかもしれません。経理の人が経営企画もやることで経験の幅が広がったり、人事で採用を担っていた人が、育成や人事制度の企画にも幅を広げてみるといったイメージです。

経験の幅を広げることで、業務の繋がりが理解できたり、俯瞰して全体像が見れるようになり、より仕事の質を高めていくことができます。

深さはその仕事での成果です。

やったことのないことをやることだけが成長ではなく、同じ職種でも高い成果を上げられるようになる、自分でできるレベルを上げていくというのも大きな成長です。

成長やスキルの話をすると、この「深さ」については意識が弱く、どうしても「新しいことをやる（横）」ことに目がいってしまうのですが、社外にいっても通用するのかという点で考えると、経験が「ある」というだけでは評価にならず、「高い成果を出してきた」方が評価されます。高い成果を出すために、経験を磨いていくというこ

仕事での成長は縦、横、深さで考える

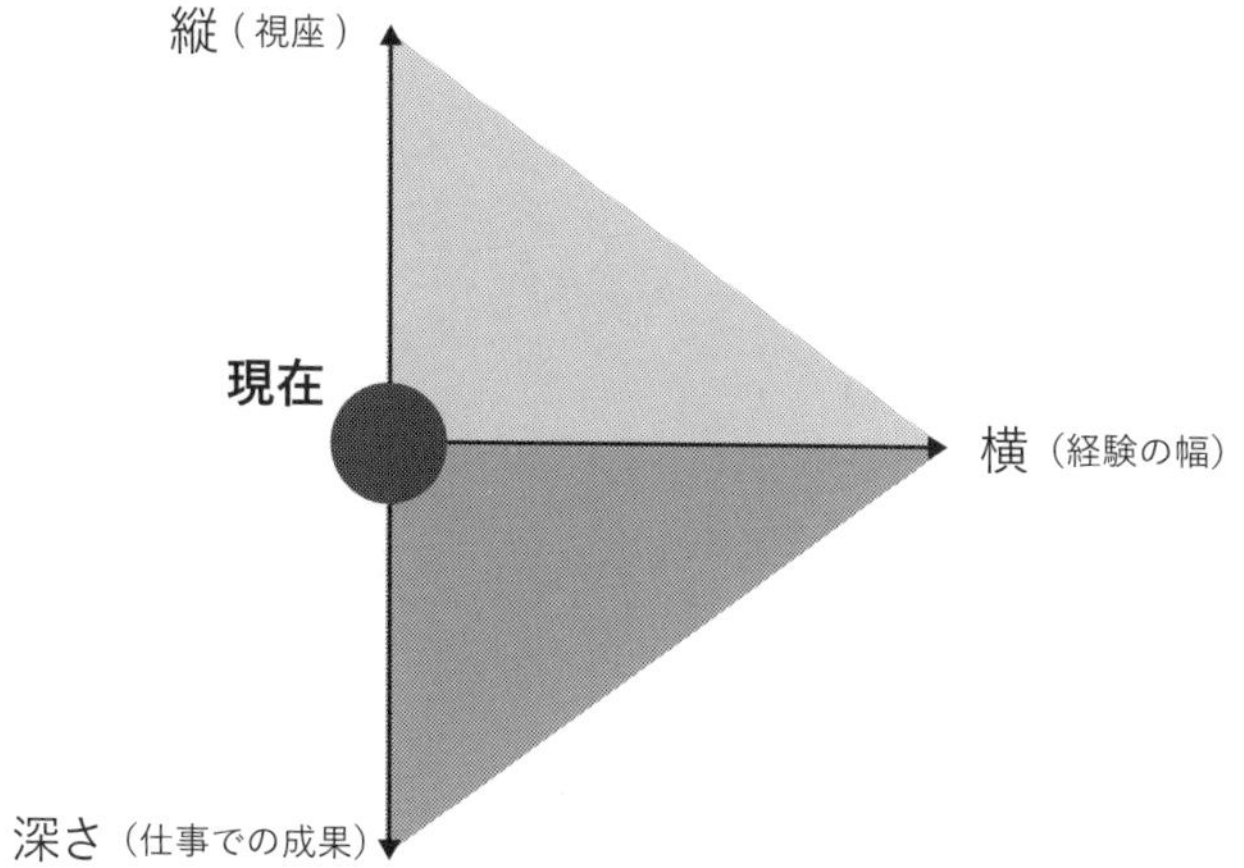

とが、即ち専門性ということになります。

成長の縦、横、深さはどれかを選ぶとか、どれが正しいというものではなく、ジャングルジムのように上に行ったり、横に行ったりすればいいのだと思います。まずは任された仕事でしっかりと高い成果（深さ）を出すことを心がけていくと、縦に上がったり、横で新しいことをするチャンスがやってきます。

社員の成長をデザインする

ミライフのカルチャーブックには、「成長機会は福利厚生」というメッセージがあります。会社で働く社員にとって、成長機会を提供していくことは、この会社で働く意味にもなりますし、働く喜びにも繋がると思っています。だからこそ、会社として、メンバー個々人にとっての成長をデザインすることが求められています。逆に言うと、成長を感じない会社では、優秀な人から辞めていってしまうでしょう。

昨今では、新卒で大手企業、有名企業に入っても、20代のうちに転職する人がとても増えていますが、理由は「もっと成長したい、チャレンジしたい」というものが多いです。会社の安定や条件面でいったら大手企業のほうが当然いいと思うのですが、上が詰まっていてマネージャーになるのは35～40歳というのが見えてくると、「あぁ、あと10年近く同じことやるのかな」「あの先輩みたいになるのかな」って思ってしまう人が多いようです。若いうちから裁量を持って任せてもらえる環境にチャレンジしたい、スピード感のある仕事がしたいと思うのは当然かもしれません。

成長をデザインするというのは、仕事を任せていくことで、適切に経験を付与していくことです。人は同じ仕事をずっとやっているとその仕事はできるようになりますが、当然飽きますし、やりがいを感じにくくなってしまいます。適切なタイミングで、適切な仕事をアサインすることで、ストレッチした経験にチャレンジして、その仕事を通じて成長していくというサイクルになります。

また、私はやりたい人にやりたいことを思いっきりやってもらうことが、一番成果に繋がると思ってますし、それ自体、社員にとって十分な魅力になると思っています。もちろん、会社側としては個人の希望ばかり聞いていては会社は回らないという言い分もあるかもしれませんが、究極的には「辞めたらもっと困る」というところに尽きます。会社都合だけの人事異動や仕事のアサインをしていると、社員は成長感ややりがいを感じず、もっとチャレンジしたいと転職していってしまいます。社員起点に立って、成長をデザインしていくことが必要になってきています。

仕事の報酬は仕事

リクルートではよく「仕事の報酬は仕事」だと言われてきました。目の前の仕事をクリアすると、次のチャレンジする仕事がやってくるという意味ですが、これにはもう1つの意味があると思っていて、目の前の仕事をクリアしないと、次のチャンスは来ないということです。

だから成長機会を獲得したければ目の前の仕事でちゃんと成果を出すしかない。

リクルートの面白いところは、メンバー成長のために、大胆な人事異動を躊躇なくやってくるところです。本人としては予想もしなかったチャレンジで最初は戸惑ったり、苦労したりするのですが、結果的にはなんとかして、気づけば成長している。そんな繰り返しだったような気がします。

これは自分が現場で事業をやっているときはわからなかったのですが、人事になり、人事異動を任されたときに、「成長機会を与える異動を意図的にやっている」と確信しました。昔話ではありますが、とても成果を出していて、人徳もあるエースマネージャーの異動にまつわるエピソードをご紹介します。

そのマネージャーは現在の部門のエースで、なくてはならない存在だったので、部門の部長も役員も当然、異動なんて考えていないわけです。私が社長と人事異動の議論をしたときに「△△はなんでステイなの？」と言われ、「エースなので異動したら部門が回らないです」と答えたのですが、それに対して社長は「△△にとって、これが最短最速で成長するミッションなの？」と言われ、ハッとしました。

会社にとっては現在の部門で同じ仕事で成果を出してくれるほうが安定するのでありがたいのですが、本人にとってはそれは既にできることであって、成長機会ではありません。そのエースが異動をすれば、短期的には部門にとっては痛手ですし、本人も異動先ですぐに成果に繋がらないかもしれません。

ただ、このエースが経営人材になる

「仕事の報酬は仕事」の成長ループ

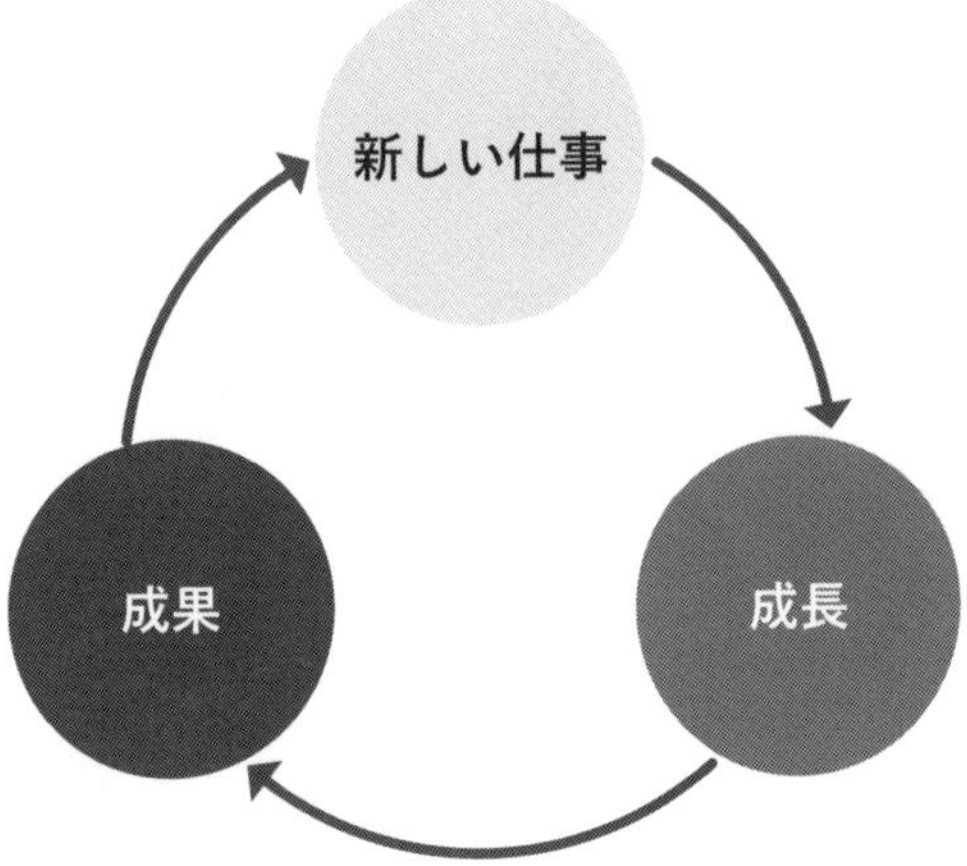

ためにはもっと成長してもらわないといけないですし、変化させないことで辞めてしまうかもしれない。さらに言うと、このエースが部門から抜けることで、下のメンバーにとっては成長機会がやってくることになります。

「成長」ということに対して、ここまで意図的に考えて人事異動をしているのかと思うと、最初は驚きましたが、これがリクルートの強みだと気づきました。**優秀な人材こそ、仕事の報酬は仕事で、成長機会を提供していくことが大事です。**

「WILL」「CAN」「MUST」の正しい使い方

聞いたことがある方も多いかと思いますが、リクルートでは「WILL」「CAN」「MUST」というフレームでミッションを設定し、PDCAを回しています。ただ、意外に知られていないのは、このWILLとCANとMUSTの接続についてです。

まずは個人のWILLですが、これは「何をしたいのか、どうなりたいか」という内容です。これに正解はありませんので、本気でそう思っているのであれば、内容は何でもいいと思っています。ただ、ちょっと先の理想であり、夢なので今すぐには叶わないもので、だからこそ、そこに近づくために努力していきましょうという流れになります。

CANは「できること、できないこと」なのですが、とにかく弱みを克服しましょうということではありません。あくまで自分のWILLに向かうために、何が強みになり、何が課題になるかということを把握して、目の前の仕事を通じて強みを活かし、課題を克服していきましょうということです。

そして、MUSTが「やるべきこと」であり、目の前の仕事になります。MUSTというと言葉が強い気もしますが、このパートがいわゆる短期のミッションであり、評価対象となります。言い方を変えると、WILLとCANは評価対象ではなく、MUSTという目の前の仕事を通じて、CANを増やしていくことで、自分のWILLが実現できるようになるというストーリーです。

また、CANを増やしていくことで、WILLが見えてくる、広がってくるというタイプの人もいます。このような「WILL CAN MUST」の接続をしていくことで、目の前の仕事に対して、自分なりの意味付けができるようになり、結果としてやらされ仕事ではなく、当事者として頑張っていくというエネルギーになるわけです。

多くの会社では、このMUST部分だけが、ミッションとして上から降りてくるので、本人としては納得感が無かったり、当事者意識が持ちにくかったりします。MUSTの部分だけで言えば、通常の評価制度と変わらないのですが、そこに自分ストーリーを描き、目の前の仕事に意味付けしていくというのがリクルートの「WILL CAN MUST」制度の秀逸なところです。

ちなみに、最近ではWILLハラスメントなんて言葉もあるようで、「どうなりたい?」って聞かれても無いので、無理強いしないで欲しいと思っている人も多いかもしれません。ただ、WILLじゃなくて、パーパスでもいいのですが、自分の想いと目の前の仕事を接続させる、意味付けさせるというのは効果抜群ですので、マネジメントの武器として持っておけるといいのではと思います。

70点まではティーチング

社員のWORKを幸せにするために、メンバーが仕事を通じて成長して、仕事の喜びや楽しみを感じてほしいと私は思っています。そのために大事なのは、「仕事での成功体験」です。仕事はうまくいくと楽しいですが、逆に、若いときにちゃんと仕事を習わず、言われたことだけやってればいいとか、怒られないように仕事をしようと思っていると、その後の仕事人生もそのスタンスが続いてしまいます。

メンバーが仕事を楽しいと思えるようになるためには、仕事ができるようになることがとても大事です。その成功体験を積ませてあげるのはマネージャーのミッションです。

私は、自律自走ということにこだわっています。なぜならば、人に言われて仕事するより、自分の思いを起点に仕事をするほうが楽しいし、成果も出ると思っているからです。ただ、いきなりこのレベルにはいけません。何もわからないメンバーに、自律自走を求めるのは丸投げです。

私は「70点まではティーチング」と思っています。子供が自転車に乗るのも、最初は補助輪がついていて、次に横に伴走してあげて、最後は手を離していくように、メンバーの育成においても、一定レベルまではティーチングで具体的に教える。それも、どうすればいいかだけではなく、その背景であり、お客様の心理（相手がどう思うか）を徹底的に会話する。これが三つ子の魂百までという感じで、メンバーの仕事力になっていくわけです。特に若いときに、仕事を頑張って、成長して、成果に繋がり、喜ばれるという経験を持っていると、その後も「仕事って楽しい」と思えるようになります。

ではどのようにして、「仕事での成功体験」を経験させてあげるかですが、最初は難しいことを考えず、そのメンバーの持っている目標を達成するというところからでいいと思います。

まずはお客様であり、会社から期待されていることに応えていくこと、目標達成していくことを経験させてあげたい。会社から与えられた目標はノルマなんだからやらなければいけないという視点ではなく、達成することで仕事が楽しくなるはず！という視点で、メンバーの達成を支援していく。それによって、メンバーが仕事は楽しいと思えるようになる。楽しくて、何とかなるという自己効力感があれば、あとは自律自走のスイッチを押すだけで走り出します。

仮に仕事の100点を会社から期待される目標を達成することとすると、私は100点を過ぎてから、仕事が一気に楽しくなると思ってます。100点までは期待されていることに対して応えないといけないと思うところが強いですが、100点以降は自由です。お客様のためにやるもよし、自分のやりたいことをやるもよし、力を抜くもよし、最低限のことはクリアしているので、自由度が高いです。やはり、仕事は追われるより、追うほうが絶対に楽しい。

私自身、会社からの目標はさっさと達成して、新しいことやプラスアルファのことを自由にやっていくのが楽しかったですし、やりがいがありました。特にリクルートという会社は、やるべきことをちゃんとやっていければ、割と自由にさせてくれたのが本当にありがたかったですし、自分が仕事って楽しいと思えているのは、こういう100点以降の仕事のおかげかなと思っています。

ぜひ、この100点以降の仕事を経験してほしいですし、メンバーにこの世界を見せてあげたい。仕事が楽しいと思える人が増えたら、確実に日本はもっと元気になるはずです。

仕事で感謝されるということ

仕事で成長を感じるシーンとしては、自分の頑張った仕事で顧客や関係者から感謝されることがあります。感謝を頂くことで、自分の介在価値や貢献しているという実感を得ることができます。ただ仕事をするのではなく、顧客であり、関係者に感謝されるレベルまでいくと、急に仕事が楽しくなってきたり、やりがいを感じるようになります。

よく「誰のためにやってる仕事かよくわからない」と相談を受けるのですが、仕事をやっていて、この「感謝」や「貢献」ということを実感できるかどうかは仕事のやりがいに大きく影響します。前野先生の「幸せの4つの因子」でも、ありがとう因子（感謝）がありますが、私はどんな仕事でも誰かの役に立っていると思っています。

仮に目標に対しては未達であったとしても、絶対に誰かの役に立っている。この貢献であり、そこから生まれる感謝をちゃんと可視化するという取り組みは、どこの会社でも、もっとできるのではないかと思っています。

感謝は評価であり、報酬です。お客さんからのアンケートなどでFBを回収することや、社内のメンバー同士で感謝を言い合うのでもいいかもしれません。

評価というと、達成率などの数字や成果、査定が全てと思ってしまうかもしれませんが、そんなことはありません。現場のマネージャーでもできることはたくさんあります。

Part 4

仲間

いい仲間がいると仕事は楽しい！

仕事の幸せや喜びを語る上で、欠かせないのが仲間の存在です。よく**「何をするかより、誰とするか」**とも言われますが、優秀な人、尊敬できる人、ポジティブな人、優しい人たちと、同じ志、同じベクトルで仕事をするというのは、仕事体験を刺激的でワクワクする最高のモノにしてくれます。

最初から最高のメンバーだけで構成されている会社というのはないのですが、性格のいい会社にはいい人材が集まってきて、辞めずに活躍していくので、そこにまたいい人材が集まってくるという循環になっていきます。逆に優秀な人から辞めていく会社には、どんどんいい人材が集まらなくなってしまうでしょう。

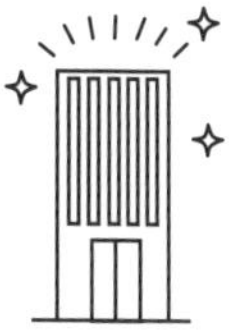

やる気のない人、ネガティブな人、人の悪口を言う人、自分勝手な人、私利私欲の強い人などは一緒に働くと、嫌な気持ちになりますし、自分もここで頑張ろうという気持ちが薄れていってしまいます。

「いい仲間」と思える組織にはパーパスがあり、目標が明確で、みんなが同じベクトルで頑張っていくのですが、わかりやすいのが学生時代の部活です。私はサッカー部でしたが、大会で勝ち上がっていけるように毎日、毎日練習をするわけです。決して楽ではなかったですが、一緒に練習してきたメンバーは仲間だと思っています。

そんな仲間といい組織をつくっていくためには、パーパスやビジョン、目標といった目指すモノだけではなく、一緒に組織を運営していくカルチャールールが必要です。

大企業の場合、会社全体だと大きすぎるので、自分の部やグループといった単位でいいですし、顔が見えるレベルのベンチャーであれば会社単位でもいいのですが、一緒に働く仲間とのお約束をつくっていきます。

内容は基本的にチーム全員で合意したものであればなんでもOKで、チームで大事にしたい価値観から、行動指針、日々の業務ルールなどでも構いません。例えば、「最後は顧客起点に考える」というポリシーでもいいですし、「誰かがチャットに発信してくれたときに、見たらなにかしらのスタンプを押す」とかというお約束でもいいです。一緒に業務を進めていくにあたって、チームみんながお互いに、安心して、心地よくやっていけるルールをつくるというのはとても大事です。

第4章で詳しくご説明しますが、ミライフのカルチャーブックには、仕事をしていく上でのルール、スタンスを明記してあります。前にも触れていますが、「Yes, and」というルールは、まずはどんな意見でも「Yes（いいね！）」で受け止めよう、その上で「and（そして……）」で建設的にアドバイスしたり、意見を言ったりしようという意味です。もちろん、完璧にできているわけではありませんが、みんながまずは「いいね！」で受け止めようとすることがわかっているので、否定される心配が少ない中で意見を言うことができます。この「Yes, and」

のスタンスはまさに心理的安全性を高める効果があるルールです。

他には「不機嫌禁止」というルールもありますが、これも相手の顔色を伺うことなく、発言できるという点で効果があると思います。

ニックネーム文化もあります。これは会社によって好みがわかれるかもしれませんが、役職で呼ぶとどうしても上下関係を意識してしまうので、フラットに話すためという点で心理的安全性に効果があると感じています。

「いい仲間がいると仕事は楽しい！」というのは間違いないのですが、**まずは優秀な人が入りたいと思う会社にしないといけませんし、いい人が集まれば勝手にいい組織になるのではなく、ちゃんとパーパスであり、ビジョン、目標を擦り合わせ、ちゃんと組織運営の約束をつくり、みんなが守っていく。**このような一連の繋がりがあって、「いい仲間」と呼べる組織ができるのかなと思っています。

関係の質（成功の循環モデル）

仕事の幸せの一つは、いい仲間と、同じベクトルを向いて頑張っていくことであり、「何をするかより、誰とするか」と書きました。

私が組織をマネジメントしていく上で、リクルート時代から常に意識してきたのが、関係の質という考え方です。

これはＭＩＴ（マサチューセッツ工科大学）のダニエル・キム教授が提唱した「組織の成功循環モデル」という理論で、このモデルを簡単に説明すると、組織の関係の質（相互理解や人間関係）が高まると、お互いに意見を言い合えるようになり、議論が深まり思考の質が高まる。みんなでしっかり考えた上で、行動することを決めると、納得して行動でき、徹底できるので行動の質が高まる。そうすると自ずと結果につながるという考え方です。

グッドサイクルは「関係の質」がスタート地点です。

逆に、多くの会社は結果を急ぐばかりに、トップダウンで行動を定義し「とにかくやれ」と指示するため、メンバーが納得していないので行動が徹底できない、上司に何を言っても無駄だと思って思考しない、結果として上司との関係性も悪化といった逆回りのバッドサイクルに陥ってしまっています。このバッドサイクルの会社は本当に多く、こちらは「結果の質」がスタート地点です。

社員の幸せという観点から見ても、このバッドサイクルで悩んでいたり、仕事がつまらなくなってしまっている人は本当に多いです。

急がば回れで、「成功の循環モデルを関係の質から回していく」という原理原則を大事にしていくだけで、かなり上手くいきます。

この関係の質を大事にするというのは、どの企業でも大事だとわかっていながらも、目先の目標や業績に引っ張られて、後回しになってしまいがちなのですが、これを意図的に経営としての優先順位を上げている会社はやっぱり強いなぁと感じます。

リクルート時代は異動も多いですし、新卒、中途と入社者も多かったので、半年に一度はグループが変わり、都度、一からチームビルディングを行っているような状態だったのですが、ちゃんとグループ毎に予算が付いていて、相互理解を高めるために研修や合宿を行うことになっていきました。チームビルディングをしていく上で、関係の質を高めることから始めることがとにかく大事だとわかっているからこそ、ここに予算が付けられるのですが、今考えても、これは凄いことだなと思っています。

新しいメンバーが入ってきたときは、そのメンバーと組織のメンバー個々がいかに早く相互理解している状態をつくるのかも大事です。誰だかわからない人に囲まれて仕事をするのは緊張しますし、なかなか本音、本気で仕事ができないものです。

ミライフでもこの成功の循環モデル

組織の成功循環モデル、グッドサイクルとバッドサイクル

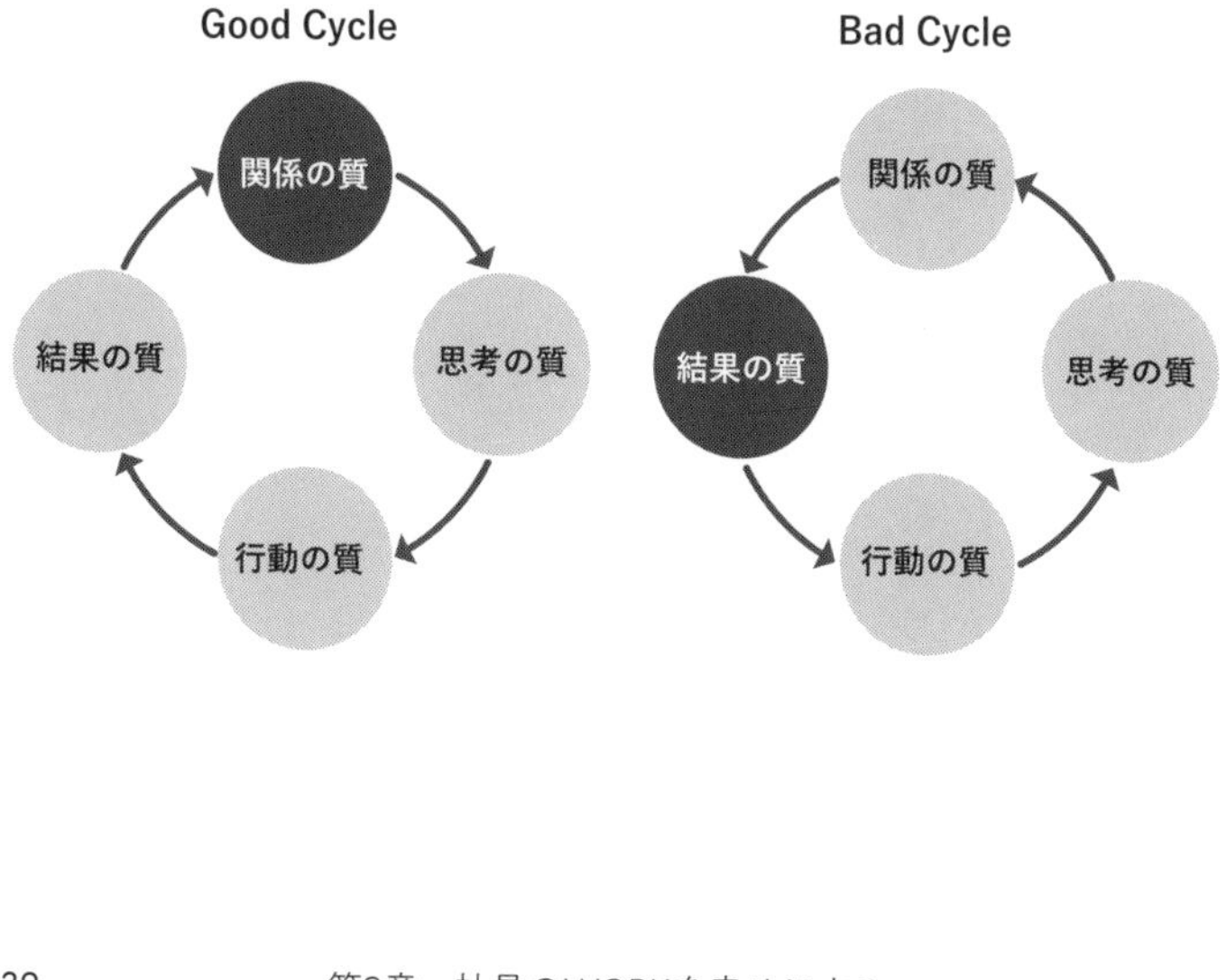

を大事にしているので、関係の質を高めるための施策にいろいろ取り組んでいます。こちらについても第4章でケースとしてご紹介します。

「心理的安全性」はスタートであって、ゴールではない

最近では、心理的安全性（psychological safety）という言葉を知っている人も増えてきたと感じています。

心理的安全性とは、組織の中で自分の考えや気持ちを誰に対してでも安心して発言できる状態のことで、ハーバード大学で組織行動学を研究するエドモンドソンが1999年に提唱した心理学用語です。

エドモンドソンは心理的安全性を阻害する対人関係リスクを「無知、無能、邪魔、否定的」の大きく4つのカテゴリーに分類しています。このような不安を感じると、思ったことを発言、行動できない環境になってしまいます。

言葉こそメジャーになってきた感じもしますが、実際に心理的安全性を正しく理解している人は多くはありません。

好きなことを何でも言ってよくて、怒られることは無くて、フワフワした優しい組織をイメージされる方もいるのですが、そんなことは全然ありません。むしろ、チームメンバーが目的に向かって建設的に意見を言い合い、高め合っていける状態が心理的安全性が高い状態です。

先ほどの成功の循環モデルと紐付けると、「関係の質が高いから、自分の意見を言い合える、なので思考の質が高まる」というのが心理的安全性の部分です。

では、社員が心理的安全性を感じる瞬間はいつかと考えると、やはりグループ単位であり、上司であるマネージャーとのコミュニケーションやグループメンバーとの対話の中で感じるものです。

これからの時代、自律自走の強い組織をつくっていくためには、マネージャーが、組織の心理的安全性を高めていくことが必須になってくると思います。

もちろん、マネージャーにとって、心理的安全性が高い組織をコントロールするのはとても難しいです。

意見を言い合えるということは、会社や上司の意見だからという理由だけでは話を聞いてくれません。「そもそも、なんでこれやるのですか?」という質問が常に出てきます。説明責任がより重くなりますし、一度出した施策や意見に対しても、より良い意見があれば、柔軟に取り入れて、変えていくという姿勢が求められます。

心理的安全性の高い組織をつくっていくということは、マネジメントスタイルの変更でもあります。このマインドセットが無いまま、心理的安全性を唱えても上手くいくことは無いのです。

ちなみに、私の会社は2022年に株式会社ZENTechが主宰する心理的安全性AWARDという賞を受賞したのですが、**私は「心理的安全性はスタートであって、ゴールではない」といつも話しています。**

心理的安全性の高い組織をつくるのはあくまで、顧客に提供価値を発揮するため、事業として成長するためといった目的を達成する手段であって、このゴールを間違えてはいけません。

心理的安全性という言葉が有名になったのは、２０１２年にGoogleが立ち上げたプロジェクト・アリストテレスの中で使われたからです。

Googleのピープル アナリティクスチームが「効果的なチームを可能とする条件はなにか」という問いに対して、調査・分析を行った結果、「誰がチームのメンバーであるか」よりも「チームがどのように協力しているか」だということを突き止めました。その中でもチームの効果性に影響する因子で、特に重要なのが「心理的安全性」だということを結論づけています。

このプロジェクトレポートをちゃんと読んでいくとわかるのですが、心理的安全性はいいチームの条件であり、スタート地点ではあるが、全てではないとここでも書いてあります。

心理的安全性を土台として、相互信頼があり、チームの役割や計画、目標が明確になっていて、メンバー個々が自分の仕事は意味があると感じていて、そしていい変化、成果を生んでいく。このような繋がりが大事です。

Google が導いた「効果的なチームの条件とは何か」

① **サイコロジカル・セーフティー（心理的安全性）**
チームメンバーがリスクを取ることを安全だと感じ、お互いに対して弱い部分もさらけ出すことができる

② **相互信頼**
チームメンバーが他のメンバーが仕事を高いクオリティで時間内に仕上げてくれると感じている

③ **構造と明確さ**
チームの役割、計画、目標が明確になっている

④ **仕事の意味**
チームメンバーは仕事が自分にとって意味があると感じている

⑤ **インパクト**
チームメンバーは自分の仕事について、意義があり、良い変化を生むものだと思っている

出典：Google re:Work

COLUMN　本との対話②「個をあるがままに生かす」

心理学的経営（ＰＨＰ研究所）／大沢 武志

心理学的経営の著者、大沢武志さんは、リクルートの創業者・江副さんと同じく東京大学教育学部で心理学を学び、リクルート創業メンバーの1人でした。

現在のリクルートマネジメントソリューションズの前身である、株式会社人事測定研究所の代表取締役を務め、多くの学生が受けるＳＰＩを開発した人物です。この心理学的経営に書かれているのは、まさにリクルートの人材開発・組織開発の考え方になります。

この本は1993年に発売されたので、30年前のものになります。私が知ったときはAmazonで数万円の高値で売られている歴史的書物のような存在でした。それが2019年に復刊して頂いたおかげで、私も読むことができました。

私にとって2つの点で衝撃的な本でした。

1つ目は30年前に書かれた本ですが、今読んでも内容が色あせてなく、むしろ新しいと思える内容でした。学術的な研究や理論をベースに書かれていて、それが原理原則に沿っているからというのもあるのですが、リクルートが先進的だったとも言えますし、逆にこの考え方が世の中のスタンダードになってないとも言えます。

2つ目は、私がリクルートで体験してきたことは、ほとんどこの本の中に書いてありました。即ちリクルートは意図的かつ再現性を持って、人材開発、組織開発をやっているということになります。

この本の副題には「個をあるがままに生かす」とあります。私はこれがリクルートのカルチャーをつくってきた思想であり、なぜリクルートの社員は元気なのか、自律自走するのかの答えだと思っています。

心理学的経営の本に、企業の戦略的活性化のポイントは一に採用、二に人事異動、三に教育、四に小集団活動、五にイベントであり、これらに共通しているのは「カオスの演出」だと書いてあります。とにかく採用にこだわっているリクルートを端的に表していますし、意図的にカオスをつくり出すなんて、普通はできません。この本を読んで、私の人事異動（カオス）であり、人事の時代に社長から受けた薫陶（こちらもカオス）の背景がようやくわかりました。

第2章のテーマである「社員のWORKを幸せにする」と考えたときに、最初に浮かんだのが心理学的経営でした。心理学的経営は人間をあるがままに捉えて、人間を大事にするという経営です。まさにHuman-Centric（人間中心）の考え方ですし、人的資本経営ど真ん中のアプローチであると言えます。

会社のパーパスと自部門のパーパス、そして個人のパーパスを接続していくこと。メンバーを理解して、信頼して、期待して任せ、信じて待つことで、自律自走を促すマネジメント。仕事の報酬は仕事として、成長機会を提供していく成長デザイン、いい仲間と同じベクトルを向いて一緒に頑張る部活的組織。こんな「WORK」にメンバーは飢えています。

社員のWORKを幸せにすることで、間違いなく、いい人材が集まってきて、辞めずに活躍していく。結果として、顧客に価値を提供できて、事業も成長していく。こんなサイクルが回っていきます。

第3章

make employees happy in life

社員のLIFEを幸せにする

Work in Life

この章は「社員のＬＩＦＥを幸せにする」というテーマで書いていきます。ＬＩＦＥを幸せにするといっても、もちろん会社が責任取るということでも、介入していくということでもなく、社員個人個人のＬＩＦＥが充実するように配慮するという意味です。

会社がここまでやる必要があるのか？　というのが論点になりそうですが、間違いなく「ここまでやる」と言い切った会社に人が集まってきます。

ただ、この後を読んで頂けばわかりますが、「自分が幸せになろう」「家族を大切にしよう」「夜ご飯を一緒に食べよう」など、言葉だけ見たら、当たり前のことを言ってるだけかもしれません。この「当たり前のことを当たり前のように大切にする」というスタンスが、安心して働ける居心地に繋がってきます。

「社員のＷＯＲＫを幸せにする」ためには、いろいろチャレンジしていくこと、変わっていくことが必要かもしれませんが、「社員のＬＩＦＥを幸せにする」のに難しいことはありません。

大事なのはまず「Work in Life」というスタンスを共通認識として持つこと。そして、「今の働き方を変えていくこと」と「未来のキャリアをデザインすること」を意識していくだけで、社員の幸福度は劇的に上がっていきます。

自分が幸せじゃないと人を幸せにできない

私自身、若いときは猛烈に働いてました。ただ、それが嫌だったというよりは、まさに仕事の報酬は仕事で、次々に新しく、難易度の高いミッションの機会をもらっていたので、おもちゃで遊ぶ子供のように、ワクワクしながら仕事していたタイプかなと思います。このときはこれが私の幸せでした。

ただ、自分の子供が生まれるタイミングで、「このままでいいのか？」と思うようになりました。

仕事は好きで、楽しいのですが、家族の時間は取れなかったので、これから子供が生まれたとしても、子供のことは奥さんに任せっぱなしでいいのだろうか。自分が死ぬときに人生を振り返って、後悔することはなんだろうか。そう考えていったら、「後悔するとしたら、家族のことしかない」と確信しました。

そこで、私は半年間の男性育休を取ることを決意したのですが、当時(2012年)は男性で育休を取ってる人は日本で1%くらいしかいない時代で、かつリクルートみたいなバリバリ働く会社だったので、周囲に相当ビックリされたのを覚えています。ただ、今振り返っても、人生で一番いい決断をしたと思えますし、あのとき、家族と向き合うという決断をしたからこそ、今の幸せな人生があると思っています。

私の会社では「Work in Life」という考え方を大事にしているのですが、

仕事は人生の一部だけど全部ではない。だから仕事だけになってはいけない。
でも仕事は人生にとって大きな部分を占めるので仕事も楽しもう

という意味で使っています。

仕事を通じて、お客様や世の中をよくしていきたい、貢献したいと思っている人は多いと思うのですが、本当にそう思うのであれば、まずは自分を幸せにしてあげて欲しいと思っています。自分が幸せじゃないと、相手を幸せにすることができません。

昨今、マネジメントの守備範囲がとても広くなってきていると感じます。これまでは、仕事だけマネジメントしていればよかったのですが、これからは、メンバーの家族や健康、キャリアといったところまで気にかけていくことが必要だと思います。

人生100年時代でもあり、メンバーが同じ会社で定年まで働くことはほぼないでしょう。だからこそ、惰性ではなく、「今、この会社にいる意味」を持ってもらう必要があります。その上でも、短期の仕事の成果に関することだけではなく、メンバーの人生が幸せになるよう、個々のメンバーを理解し、支援していくことが、メンバーの居心地やロイヤルティを形成していきます。

LIFEを大切にする

「LIFEを大切にする」なんていうと、当たり前じゃないかって思う人も多いかと思いますが、多くの会社では、ここまでをスコープに社員と向き合うことはできていないのではと思います。私自身、リクルートで人事やマネジメントをしていましたが、社員のWORKは守備範囲ですが、LIFEは範囲外だと思いこんでいました。

人事時代に、ワーキングマザー（ワーママ）の働き方改革に取り組んでいたのですが、ワーママの社員と話していると、不満は大体2つに行きつくことに気づきました。

一つは上司、もう一つは旦那さんです。

上司の方は当然、WORKの範疇なので、人事としても制度や組織、マネジメントなどの中で改善していけるよう取り組んでいきましたが、旦那さんについては「私の仕事ではない」と正直、思ってしまいました。

でも、今思えば、自社のワーママ社員をHAPPYにするためには、WORKだけだと半分なのです。もう半分のLIFEのほうにも、上手くいくように配慮できることはたくさんあると気づきました。

そのためには、ある程度、メンバー個々のご家族の構成や悩みなども共有できている関係性が大事で、知らないと何もしてあげられないのですが、知っていれば配慮できることがたくさんあります。

実際、私の会社では、「子供保護者会」「保育園お迎え」「歯医者」「飲み会」などプライベートの予定を含めて共有カレンダーに入れている人が多く、お互いが見えるようになっています(もちろん必須ではありません)。

Work in Lifeの世界に生きているということは、仕事の予定が全てではありません。プライベートの予定も見えることで、「急がなくていいよ」とか、「家族優先して〜」などの声掛けもできますし、保育園のお迎え前のラストスパートで一番忙しいときに、どうでもいい話で呼び止めたりすることもありません。また、夕方以降の時間に会議を入れることもしませんし、会議に欠席の場合は、動画や議事録で共有するなどの対応をしています。

これまではWORKの範囲でメンバーのマネジメントをしていればよかったのですが、これからは社員のLIFEも幸せにしていけるマネージャーに、信頼、尊敬が集まるようになります。

管理する、介入するということではなく、配慮するというマネジメント。ここまでやる企業に、人は集まってきて、安心して働けることで、長く活躍していくということに繋がっていくでしょう。

LIFEを幸せにするというと難しいように思いますが、「普通のことが普通にできるってことがとても幸せ」ということなんです。それを阻害する要因を取り除くということをきちんとできれば、それだけでかなり満足度の高い職場になります。

子育てしながら働くのは大変だ

厚生労働省「令和2年版 厚生労働白書」によると、男性雇用者世帯のうち、共働き世帯の割合は66・2％となっています。昔は男性が働いて、女性が家を守るという男女分担制が多かったかと思いますが、今や多くの女性が働き続けるという選択をしています。

子供が生まれるまでは、結婚していたとしても、自分のペースで働くことができますが、子供がいると働き方は激変します。朝は保育園に送りに行き、夕方はお迎えに行く。これがスケジュールとしてロックされているだけで一苦労で、朝も子供は言うことを全然聞きませんし、仕事が忙しくても、お迎え時間があるので大急ぎで帰らないといけません。さらに、帰った後はすぐにご飯をつくって、お風呂に入れて、寝かしつけてと、休む暇もありません。

これも会社から見ると、「時短」で働いているみたいに思ってしまうのですが、いやいや「ずっと」働いています。ここをちゃんと理解している、リスペクトしているだけでもコミュニケーションは変わってくると思います。

「お疲れ様」「大変だね」「頑張ってくれてありがとう」と言葉はシンプルでも、背景を理解してくれる一言があれば、頑張るエネルギーが湧いてきますし、逆に「ワーママは定時で帰れていいよね」「仕事終わってないのに帰るの？」「時短だから楽だよね」といった心無い言葉（実話）は、エネルギーを一気に吸い取っていきます。

また、これは子育て世代に対してだけのことではありません。若いメンバーは先輩のことをよく見ていて、「今はよくても、うちの会社だと長く働けない」と思っている人はとても多く、将来のことを考えて辞めてしまったり、そもそも入社してくれないかもしれません。

家族のゴールデンタイム

私も共働きなので、保育園の送り迎えを妻と役割分担しながらやってました。

そのときはまだどうやって仕事と家族のことを両立するかくらいしか考えられてなかったのですが、その後、気づいたのが「ワンオペは大変だ」という当たり前のことです。

分業するということは、私も妻もワンオペで、余裕がありません。余裕が無いと、子育てが楽しめない。そこで、まずは1週間に2回夫婦ともに家に早く帰ってくる日をつくり、どちらかがご飯をつくってて、どちらかが子供を見てるというようにしたところ、劇的に心理的、体力的な負荷が減り、幸福度が上がった感じがしました。

その後、コロナの影響もあり、在宅勤務が当たり前になったことで、毎日、夜ご飯を家族みんなで食べることができるようになり、さらに幸福度が上がりました。

そこで気がついたのは、**家族にとってのゴールデンタイムは夜ご飯であるということです**。ご飯という毎日の活動を共にすることで、家族の会話も笑いも生まれます。子供のちょっとした出来事や成長にも気づくことができます。私が今まで、出社するのが当たり前、かつ長時間労働が当たり前の環境で育ってきたからかもしれませんが、ようやくこんな当たり前のことに気づくことができました。

これに気づいてからは、私自身、働き方を変えました。

毎日9時くらいから仕事を始め、17時に一旦終わり、お迎えに行ったり、ご飯をつくったり、お風呂を洗ったり、ご飯を食べたりして、また20時くらいから少しメール対応などの残りの業務を行うといったスタイルです。まさにWORKとLIFEがミックスしてるのですが、これであれば、家族のゴールデンタイムをちゃんと抑えつつ、仕事もちゃんとやり切ることができます。

在宅勤務が当たり前になってくれたおかげでもありますが、単に労働時間だけを見てワークライフバランスというよりは、このワークライフミックスが丁度いいなと感じています。これは私のような経営者だからできるということではなく、フレックスと在宅勤務があるから成せる技なので、そこさえ整えば、再現性はあると思います。

ちなみに、私以外のメンバーも同じようなスタイルの人も多いので、17～18時くらいに「一旦、休憩行きます～」というような連絡が飛び交っています。

男性育休が当たり前の時代になる

前述の通り、私は子供が生まれてから半年したところで、半年間の育休を取得しました。私自身、育休を取得して１００％良かったと思ってます。

この育休の期間で、育児、家事の修業をして、一通りのことは何でも一人でできるようになりました。この期間があるからこそ、今、夫婦共々、会社に復帰しても、お互いが支えあってうまくやっていくことができているのかなと思います。

育休期間は私のように半年というのは長いかもしれませんが、１か月取れば、一通りのことは自分でできるようになると思うので、日本でももっと多くの男性が育休を取って欲しいと思います。

私が在籍していたリクルートでも、私が育休を取って以降、男性でも育休を取る人が増えてきて、今では特別なことではなくなってきました。そもそも育休というのは各社の制度ではなく、国の制度ですし、育児休業給付金も雇用保険から出ますので、どの会社でも受け取ることができます。なので、リクルートだからできる、大手企業だからできるという事ではないと思っています。

育休を取った個人にとって良かったということだけではなく、会社にもメリットはあります。

短期で考えると大変だと思う部分はあるのですが、中長期で考えれば合理性があると思っています。

まず多くの企業では、退職率に悩んでいます。言い換えると、毎年一定数の人材が退職し、その補充の採用をしています。仮に退職した人数を、しっかり採用できたとして、人数は同じだったとしても、それは自社の経験者が減って、新メンバーが増えていますので、実質的には戦力ダウンです。採用にはコストと時間も掛かりますし、その後、会社のこと、製品・サービスのこと、業務のことなど育成をしていくので、それもコストと時間がかかります。

つまり、中小企業において、退職率を下げるというのは、安定稼働だけではなく、コスト、時間ともにメリットがあるのです。

男性が育休を取るということで、短期的に職場から抜けることは当然痛手ではありますが、育休は退職ではないので、確実に戻ってきますし、タイミングも読めます。究極的には退職したと思って送り出して、即戦力の経験者が採用できたと思えばいいのではと思っています。

また、育休を取った社員にも変化が現れます。会社に対してのロイヤルティは間違いなく上がりますし、戻ってきてからは時間を意識して生産性高く働くことになります。

育休期間で家事育児レベルや意識が高まり、夫婦で力を合わせて家庭のことをやれるようになると、共働きになっても、奥さんに負荷が集中することなく、結果として家庭が安定することになります。

そして、家庭が安定すると、結果として仕事も安定してきます。Work in Lifeなので、このように仕事と家庭はつながっているのです。

私はリクルート時代、年に2回、合計100人程度のまとまった数の社員面談を北は北海道から、南は九州まで出張して行ってきました。

もちろん、仕事や自身のキャリアについての相談を受けることがメインなのですが、実は家庭やプライベートの悩みを聞くケースも多かったです。やはり、家庭が上手くいってなかったり、家に帰るのが嫌（ホームがアウェイ状態）だったりすると、仕事に身が入らないものです。仕事で頑張れるのも、家での安心があるからこそだったりすると思っています。

企業の立場でも、男性が育休を取りやすい環境を整えていくことが大事で、これからの時代、「家族を大切にする」というのは強烈かつ共感を呼ぶメッセージになります。

2021年のパーソルキャリアの「男性育休に関する意識調査」でも、Z世代の84・6％が子供ができたら男性育休を取得したいという結果になっており、若い世代のほうがより「家族を大切にする」という価値観を持っています。なので、育休を取ったら昇進が遅れるとか、評価が落ちるというのでは誰も取りませんし、そもそものような会社には優秀な若者は来てくれません。今後はもっと男性育休が当たり前の時代になると信じています。

性格のいい会社であり、すなわち社員を幸せにするというメッセージは今の若い人たちや優秀な人に確実に刺さると確信しています。

これからは、みんな介護をしながら働くかもしれない

日本は高齢化先進国です。内閣府の調査では、日本の総人口は、令和元（2019）年10月1日現在、1億2617万人で、65歳以上人口は、3589万人ですので、総人口に占める65歳以上人口の割合（高齢化率）は28・4％にまで上がってきています。当然、今後は更に比率が上がっていくことになりますので、親の介護問題は働く人全員の問題でもあります。

子育てと介護の違いは、予測できるかできないかで、子育ては妊娠してから生まれるのは10か月くらいですし、その後保育園に入り、小学校に入るというのも、ある程度スケジュールを把握することができます。

一方で、**介護については、何歳でどうなるかもわかりませんし、介護がスタートしてから、これが何年続くか、どれくらいの負荷になるか、お金が掛かるかなど読めないことが多いのです。**また、子供は一緒に住んでますが、親とは離れて住んでることが多いので、その中で介護をしていくというのはとても負担が大き

いです。

また、子育てのときはどちらか一方が頑張って乗り切れたとしても、介護は夫婦双方に親がいるので、まさに働く人全員に関係することになります。

まだまだ、介護に関する制度が整ってなかったり、ケースが無かったりということもあるかと思いますが、会社としても、いかに柔軟に対応していけるかというのが、ポイントになると思います。


このように社員のＬＩＦＥにはいろんなことが起こりますが、それも踏まえて、社員に幸せになってもらいたいと願う、そんな性格のいい会社で働きたいと思う人は多いですし、結果として「採れる、辞めない、成果出る」強い会社になっていきます。

Part 2

多様な働き方

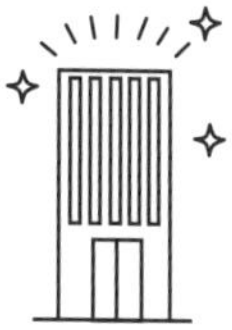

働き方の三種の神器

前作の『いい人材が集まる、性格のいい会社』で多様な働き方について紹介したところ、当時は「リモートで働くなんて無理だ」なんて多く言われました。ただ、２０２０年のコロナウイルス感染拡大の影響による緊急事態宣言があり、日本でも在宅勤務を強いられる人が増えた結果、気づけばあっと言う間に働き方がアップデートされました。そして、もう元には戻れないと感じている人が多いのではないでしょうか。

これからの時代の働き方三種の神器は「リモートワーク、フレックスタイム、副業ＯＫ」です。

私が日々、キャリア相談に乗っていても、この三種の神器が揃っているかどうか気にする人が多いです。もちろん、この3つを揃えないといけないということはありませんが、多様な働き方に対応していくことが、確実に採用力や退職率低下に寄与することは間違いありません。まさにニューノーマルの時代に突入していこうとしています。

次に、働き方三種の神器含め、社員にとっての働く魅力に繋がる働き方とそのマネジメントにおけるポイントをご紹介していきます。

①リモートワーク（働く場所）

インターネットの浸透やノートPC、タブレット、スマホなどの目覚ましい進歩により、文字通り、どこでも働けるようになりました。私自身、オフィスはありますが、オフィス、自宅を使い分けていて、その日のスケジュールや仕事内容に合わせてどこで働くか決めています。

リモートワークができることで、働く社員としては行き帰りの通勤時間が丸ごと削減できますし、小さな子供がいる場合などはすぐに保育園にお迎えに行けたり、突発の病気などで家から出れないときも、お休みすることなく働くことができたりするので、仕事とプライベートとの両立の武器になります。リモートワークができるかどうかは、採用力、退職率に影響する要素になってきました。

リモートワークに関しては、NG、出社とリモートのハイブリッドワーク、フルリモートと各社のルールにグラデーションがある状況です。

仕事内容やマネジメント観点で、出社したほうがいい仕事というのもあるかもしれませんが、一律にNGとするのではなく、いかに柔軟にリモートワークを取り入れていくかが大事になってくると思っています。

社員目線で言うと、個々人の状況が違うので、一律で決められるのではなく、「選べる」というのがこれからのトレンドになっていくでしょう。

また、リモートワークにおけるマネジメントも変化しなくてはいけません。

みんなが出社していた時代は、なんとなくメンバー個々人の状況がわかったり、気づいたことがあればその場で話すことができましたが、リモートワークになると当然見えませんので、意識的に見にいくことがあり、話す場をつくる事、またメンバー個々人が状況を発信する仕組みをつくっていく必要があります。

よくリモートワークになると雑談や相談のコミュニケーションがしづらいということも言われますが、ちゃんと「場」を設定さえすれば、リモートワークでも同じように雑談やランチ、飲み会をすることも可能です。

また、チャットツールを使い、状況共有したり、相談を投げかけることで、タイムリーにコミュニケーションができます。

あとは、このコミュニケーションを意図的に設計することが大事で、例えばミライフであれば仕事を始めるとき、仕事を終えるときにチェックイン・チェックアウトということで、会社に来るときと同じように「おはようございます」「お疲れ様」のコミュニケーションをチャットでしますし、チャットツールにいろいろなチャンネルがあり、雑談したり、ノウハウ共有したり、テーマで話したり、またそれを他の人が見ることもできたりと問題なく、コミュニケーションができています。その点では、今後はマネージャーも、メンバーもテキストコミュニケーションのスキルは必須スキルになってきます。

リモートワークの中でも、さらに一歩進んだ制度がフルリモートです。出社の必要がないので、会社の近くに住む必要がありません。すなわち、全国どこに住んでいても勤務が可能になる、言い換えると採用が可能になるということです。

まだフルリモートOKまでは振り切っていない会社がほとんどですが、今後は増えてくると思います。ミライフでも元々は出社前提で、リモートワークOKという働き方でしたが、フルリモートOKとしたところ、名古屋、長野、京都、大阪、福岡と全国から、経験豊富で優秀なメンバーが集まってきました。このようにフルリモートOKとすることで、採用マーケットは一気に広がり、採用力向上に繋がるのは間違いありません。

一方で、実際、フルリモートで会社を上手く運営していくためには、会社にマネジメント能力、社員には自律自走できる能力が求められます。また、業態によっても、フルリモートは難しいという会社もあると思います。

フルリモートに関しては、上手くいかなかったからといって簡単に戻すことができないので、慎重に判断する必要があります。なので、一概にフルリモート万歳ということはもちろんなく、使いこなすには難易度が高い諸刃の剣だと言えそうです。

特に、出社メンバーとフルリモートメンバーがミックスしている組織のマネジメントは難易度が高く、組織運営の当たり前から変えないといけません。

ミライフもそうなのですが、元々は出社メンバーだけで構成されていて、そこにフルリモートメンバーが加わりました。最初は出社メンバーは元のルールが適用され、フルリモートメンバーがいるときはリモートでやる形だったのですが、ダブルスタンダードの形では上手くいかなくて、全てをリモートでやるのが前提の組織運営に変更しました。

出社とリモートワークはハイブリッドになっていくのですが、リモートワークの延長線上にフルリモートがあるわけではないので、全くの別物としてフルリモートに最適化したルールをつくることが必要になります。

②フレックスタイム（働く時間）

以前は9時から18時といった決められた時間で働くのが当たり前でしたが、フレックスタイムを導入している企業も増えてきました。加えて、朝型勤務や、1日の働く時間を選べる時短勤務などバリエーションを増やしている企業もあります。これもまた、働き方の多様性の一つです。

今は育児、介護を始めとする制約を持った社員が増えていますので、働く時間の柔軟性を持っておくというのは、いい人材を採用する、そして退職率を下げるのにとても効果があります。

例えば、フレックスがない9時〜18時勤務（8時間勤務）で働くということは、子供がどんなに体調悪くても、グズっても9時までに出勤しないといけませんし、家が遠くても18時まで働いてから、保育園のお迎えにいかないといけないので時短で働くか、延長保育になってしまいます。それがフレックスであれば、朝早くスタートする分、早く終わったり、今日は6時間で切り上げて、明日は10時間働くなど自分の都合や仕事の状況に合わせて、柔軟に働き方を選ぶことができるので、月間トータルでは同じ時間働くとしても、会社の都合で働くのと、自分の都合で働くのはストレスが全然違います。

また、フレックスはコアタイムといって、1日の中で必ず勤務していなければならない時間帯を設けていることが多いですが、フルフレックスはコアタイムもありませんし、月単位の総労働時間が基準の労働時間を満たしていることが条件にはなりますが、どの時間帯で働くか、1日何時間就業するかは問われませんので、より柔軟に働くことができます。

一方で、フレックスということは、仕事をいつ始めて、いつ終わるのかといったタイムマネジメントも、社員個々人に裁量があるので、より自律自走する必要があります。その中で、パフォーマンスを求められることになるので、もしかすると会社に行けば働いていると認められるほうが楽かもしれません。

マネジメントとしては、個々人が裁量を持って働くのを推奨しつつ、ちゃんと勤怠管理を行い、働きすぎや勤怠のムラなどについてコントロールしていく必要があります。フレックスにおける勤怠管理は毎日の健康診断です。自由だからといって、本人に丸投げしてしまうと、気づいたときには過重労働になっていたり、体調を崩していたりするので気をつけなければいけません。**メンバーが仕事をサボるリスクより、働き過ぎのほうがずっと大きなリスクになります。**

③副業OK

副業解禁の世の中的な動きはあるものの、副業を禁止している企業も多いです。主な理由は自社の仕事（本業）に集中してほしい、機密保持の観点というのが多いのではないでしょうか。

ただ、これからの時代、自社しか知らないということや、自社でしか通用しない仕事をしているのは個人にとってリスクだと思います。また、給与がなかなか上がっていかない場合、副業で補填していくというのは自然な流れです。

他の会社でも働くことに限らず、ボランティアやＮＰＯへの参画等でもいいと思います。常に外部との接点を持つことで、自身の視野や可能性を広げていくことはとても大事なことだと思っています。

また、会社にとっても有益です。

１つは育成観点で、違う環境で仕事をするということは当然、いつもと違う仕事の筋肉を使うことになるので大変です。ただ、こうやって違う環境での仕事をしていくことで、変化対応力がつき、新しいことへの耐性が身につきます。これは社内で与えようと思っても、なかなか与えられないことでもあるので、とてもありがたいです。

また、もう１つはネットワークです。

これからの時代、社内に閉じた人脈より、社外に広がった人脈を持つ人のほうが確実に重宝されるでしょう。営業や採用、提携といったように直接的に業務に繋がる場合もあると思いますが、私はそこまでいかなくても、「外部のことを知っている」もしくは「知っている人を知っている」という緩やかなつながりがある状態であっても、とても価値があると思っています。

自社内のリソースは限られているし、そもそも偏っているので、外の情報やつながりを持っているというのは本人の強みにもなりますし、会社にとってもメリットになります。

一方で、マネジメントとしては、ちゃんと状況を把握して、ケアしていく必要があります。

1つは働きすぎ問題なのですが、本業としては通常通り働きながら、副業を行うというので当然ながら負荷が高いです。働く場所は2つでも、本人の体は1つなので、無理をすれば体調を崩すことにも繋がります。副業は無理のない範囲でやるというのがポイントです。

もう1つは退職です。最近は副業を経験した後に、本業として転職するケースが増えてきました。とはいえ、これは防ぎようもないところではあるのですが、本業サイドとしても、魅力的な仕事であり、チャレンジを用意する必要があるということです。

退職リスクがあるから、副業禁止して、籠の中に閉じ込めておくという発想もあるかもしれませんが、そうなると、そもそも、優秀な人材は籠から飛び出していくことになってしまうでしょう。もう、待ったなしという状況まで来ています。

私自身、副業はお勧めしている側ですが、自分の社員が副業のほうが楽しそうだとソワソワします。これは健全な人材争奪戦だと思っているので、自社としては社員にとって魅力的であり、ここにいる意味をつくっていかなければいけません。

終身雇用時代は「釣った魚にエサはやらない」でも良かったかもしれませんが、これからは釣った魚にも美味しいエサをあげないと、自社には残ってくれません。

その点でも、性格のいい会社であり、社員を幸せにする会社というのは、社員にとっての魅力要因になると思っています。

フリーアドレス

リモートワークが増えたことで、一気に増えたのがフリーアドレスです。

社員のみなさんが毎日出社するわけではないので、人数分の固定席はいらず、フリーアドレス化して、人数の5〜7割くらいの席数に抑えることで、オフィスコストを大幅に圧縮することができます。これは経営的にもインパクトのあることなので、今後リモートワークの推進とセットで導入する会社が増えていきます。

また、固定の席だと、上司が帰るまでは帰れない、帰りにくいといった雰囲気もあるかもしれませんが、フリーアドレスにすると、自分のペースで、自分の仕事が終わったらすぐ帰るというのがやりやすくなるというのもよく聞く声です。

また、固定席がないということは、都度違う席に座り、違う人とコミュニケーションをとる機会になるので、広く、ゆるやかな繋がりが増えていきます。これにより会社、組織としてのネットワークが強化され、それが業務においても潤滑油のように効いてくると思います。

フリーアドレスはまさにオフィスの固定概念を破る考え方だと思いますが、これもまたいろいろなプラスの効果を生んでくれると思っています。

雇用形態・勤務形態も多様になっていく

働き方三種の神器以外でも、働き方はどんどん多様になっていきます。

フリーランスや副業として、業務委託で働く人も増えてきました。昔はフリーランスとして独立する人は限られた人だけでしたが、今では、アルバイト・パートと同じような感覚で、フリーランスとして働く人も多いですし、顧問やアドバイザーとして複数社で働くようなプロフェッショナルな方もいます。それに伴い、正社員のように平日5日、9時から18時まで、みんなが同じように働くのではなく、人によっては週3日、1日5時間働く人もいれば、隔週で1日2時間だけの人もいるかもしれません。

全て自前主義では変化対応に弱いので、企業としては多様な雇用形態の方々をうまく活用して、しっかりと価値につなげていけるかどうかが、事業のスピードやクオリティに影響してくることになります。

そうなると難しいのはマネジメントです。

メンバー全員正社員で、いくらでも働けるという時代であれば、トップダウンで、一律に、「やれ」と号令をかければよかったかもしれませんが、雇用形態であり、勤務形態が多様なメンバーをマネジメントするのは難しく、個々の勤務時間やスキル、契約内容まで理解した上で、仕事を割り振っていったり、進捗管理をしていかないといけません。

リモートワークやフレックスタイムによって、マネジメントとして求められることが変わってきたように、雇用形態や勤務形態の様々な人をマネジメントするということも、今までの延長線上のマネジメントでは通用せず、マインドセットから変えなければいけません。働き方が多様化していくことに合わせて、マネジメントのアップデートが求められています。

このように、個人の働き方が多様化していくのを支えているのはマネジメントだったりします。

結果として、マネジメントの難易度が増していくことになり、マネジメント人材の希少性も高まっていくでしょう。会社としては、ちゃんとマネジメント人材を育て、報いていかないと、これまた人材争奪戦の渦に巻き込まれてしまいます。

Part 3

脱長時間労働

長時間労働から悪いサイクルが回り出す

働き方改革と言いだしてから時間が経ちますが、なかなか進んでいる実感がありません。日本は世界でも稀にみる長時間労働を行っていますが、これはなぜなのでしょうか？

日本人は勤勉だからというのはよく言われる話ですが、私はそれだけではないと思います。

日本の労働基準法では、割増賃金の規定が定められています。時間外労働や休日労働をした場合、割増率は時間外労働については2割5分、休日労働についてはは3割5分と定められており、そもそも、この規定は雇用主の都合で長時間労働をさせることを抑制するためにできたものですが、割増率が高かったので労働者

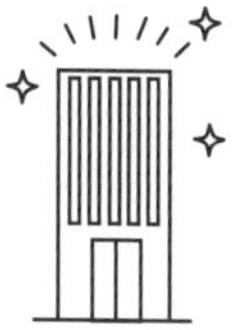

にとっては、長時間労働することで効率的に稼げるようになってしまいました。高度成長期において、雇用主、労働者がＷＩＮ－ＷＩＮ関係の下、ある種、共犯して長時間労働を進めてきたというのが背景ではないかと思います。

ただ、一律のプロセスでモノをつくっているのであれば、労働時間とパフォーマンスは相関したかもしれませんが、もはや、労働時間＝パフォーマンス、アウトプットという時代ではありません。会社の生産性という観点でも早く長時間労働体質から脱しないといけません。

私がリクルートの人事時代、タイムマネジメントを推進するときにつくったルールは、規定の労働時間を越えた場合はそのメンバーが所属する組織は表彰対象外にすること、そしてそのメンバーの上司の上司（メンバーであれば部長）の評価を無条件で1ランク下げるというものでした。

これは賛否両論あったのですが、リクルートのメンバーはいくらでも働きたいメンバーが多いので、自分だけが表彰対象外だったり、評価が下がるくらいであれば、関係なく働くでしょう。

一方でチームの仲間を大事にするカルチャーなので、みんなには迷惑を掛けたくないという気持ちになります。二段階上の上司の評価を下げるとしたのも、直属の上司だと結託して突破してしまう可能性があるので、上司の上司とすることで、さすがに迷惑かけられないという状況になるように設計しました。

また、前向きな施策としては、アニバーサリー休暇というものがあり、有給取得促進施策なのですが、平日4連休を取ったら、数万円を支給するというもので、年に1回取得することができました。有休を取って、さらにお金がもらえるということで制度ができたときはビックリしましたが、取得率は95％程度あり、ほとんどの社員がちゃんと有休を使い、労働時間を削減するということに寄与していました。これも、有給取得促進であり、脱長時間労働施策としては、とても効果がありました。

長時間労働については、経営陣であり、マネージャーとして危機感を持って臨まなければいけません。過労死、鬱病、体調不良になってからでは遅いですし、当然このような会社ではメンバーは続けていけないので、退職率が上がってきます。このような会社の退職率が上がってくると、人が抜けて、他の人にしわ寄せがいき、また辞めるけど、人が採れないから、また更なるしわ寄せがいくという最悪なサイクルが回りだします。

労働時間管理はサッカーでいえば、90分という限られた時間で戦うということ。時間無制限に何点取れるかを競うスポーツではないということを強く認識しなくてはいけません。

このように、マネージャーの裁量に任せるだけではなく、会社として、脱長時間労働のスタンスを決め、ちゃんとタイムマネジメントルールを設計して、モニタリングをしながら、組織として脱長時間労働に強い意志で取り組んでいく必要があります。

生産性向上（無駄取りと価値創造）

脱長時間労働を推進するために欠かせないのが、生産性向上です。

どこの会社においても、生産性向上は事業運営上のテーマだと思います。でも、「生産性」というものを正しく理解している人は多くないと感じています。

生産性向上は「無駄取り」と「価値創造」の大きく分けて2つのアプローチがあります。

前者の無駄取りは、今まで1というアウトプットに対して、10のパワーを掛けていたものを無駄を削っていくことで、9、8と掛かるパワーを抑えていくことです。

後者の価値創造は、1というアウトプットに対して、10のパワーを掛けていたものを、価値創造することで、2、3とアウトプットが増えていくことです。同じパワーでアウトプットを増やすということで、こちらも生産性向上になります。

基本的に、無駄取りのほうが掛かっているパワー（負荷、工数）が見えている分、改善が簡単なので、いけるところまでは無駄取りをして、まずは土台をしっかり固めていけるといいと思います。

無駄取りはどんな組織においても、定期的にやっていくのがお勧めで、例えば会議一つとっても、本当に毎週必要か、全員出る必要があるか、1時間必要かと考えていくだけで、劇的に時間が生まれますし、報告などの社内資料作成も本当に必要か、ビジュアル的にキレイにする必要があるかなど、過

生産性向上の考え方

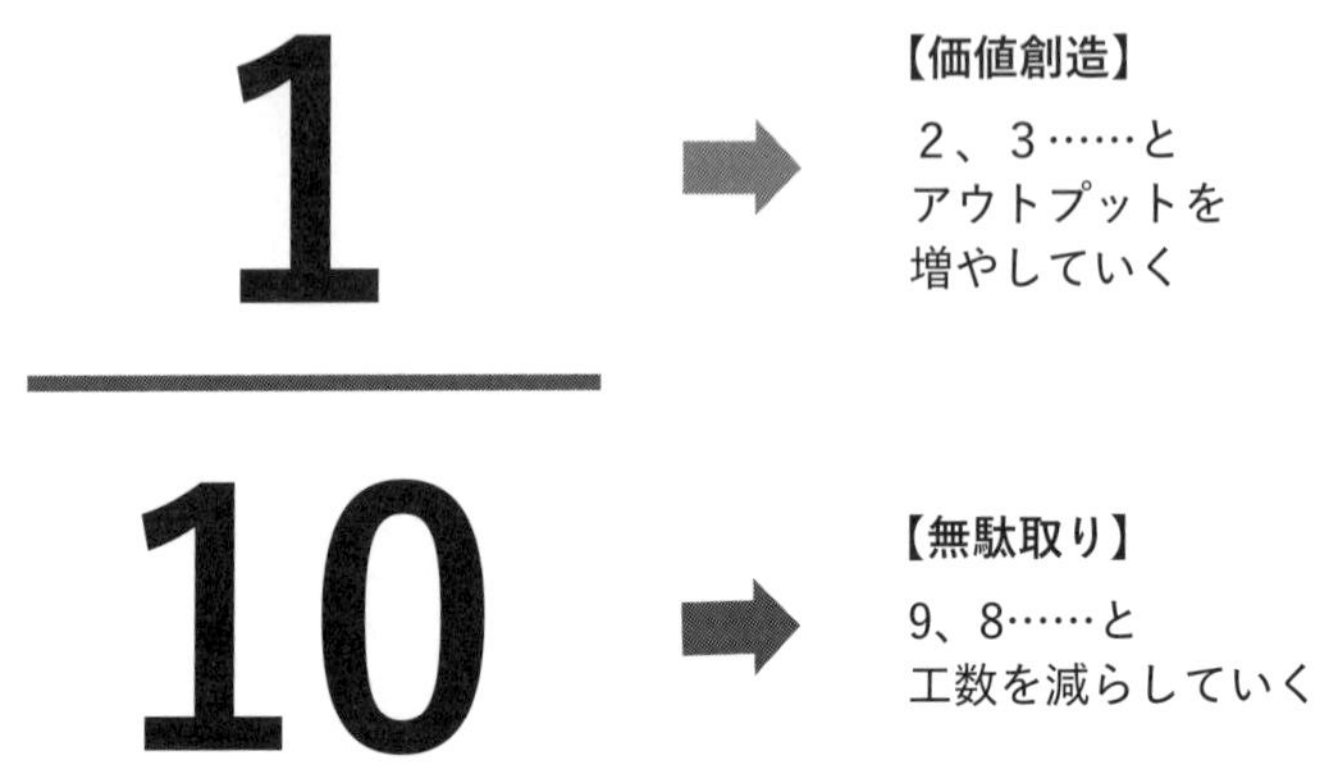

剰行動を制限してあげるだけでも結構時間削減できます。仮に1人、月間10時間削減したとすると、10人いたら100時間生み出すことができるので、これは大きな差になってくるのではないかと思います。

ただ、多くの組織では無駄取りまでは頑張っても、浮いた時間を同じことを多くやるのに使ってしまいます。これではジリ貧になってしまうので、生産性を最大化させるためには、無駄取りで浮いた時間を価値創造に使っていくことが必要です。

この無駄取りと価値創造の両方をセットでやるのが本当の生産性向上だと思っています。

無駄取りと比べて、価値創造のほうは何をやったらどれくらい成果が出るというのがわかりづらいので、なかなか取り掛かれないのですが、生産性向上の公式は「無駄取り×価値創造」だと理解して、同じパワーで高い成果を上げるために何ができるかと考えてチャレンジしていくことで、生産性が高い組織をつくっていくことが可能です。

女性の社会進出と男性の家庭進出はセット

Work in Lifeという文脈においても、長時間労働が恒常化しているということは、仕事が全ての状態に陥ってしまうことを意味していて、これではＬＩＦＥが幸せになりません。もちろん、若いときはがむしゃらに頑張ったほうがいいタイミングもあると思いますし、短期的には繁忙期もあるかと思います。ただ、望まない長時間労働が続くと、ワークライフバランスが崩れてしまい、このままでは続けられないと思う人がとても多いです。

これからの時代は、男女関係なく、仕事と家族とを両立していくのが当たり前です。女性の活躍推進、社会進出がより進んでいくのとセットで、男性の家庭進出を推進していかなければなりません。男性の働き方が変わらないという事は、家族において、全ての負荷が女性（奥さん）の方に乗りかかってくることになります。これで、女性に活躍しろというのはあまりにも理不尽です。女性だけがハンデ戦を強いられるというのはどう考えてもおかしいですし、変えていかなければなりません。

今は若い男性を中心にイクメンも増えてきていますし、男性育休取得希望も多くなってきています。

あとは、会社が変わっていくだけです。

生産性を向上させて、長時間労働を削減し、多様な働き方をうまく使いこなしていく会社には自然と人が集まってくるでしょう。

Part 4

キャリアデザイン

社員のキャリア自律を応援する

高度成長期の日本企業においては、社員のキャリアというのは、会社の敷いたレールに一方的に乗せるものでした。異動、昇進、昇格、転勤なども、企業側主導で決まることが多かったかと思います。

終身雇用が前提なのであれば、会社の配置に合わせて、自分のキャリアを積み上げていくということでも良かったかもしれませんが、現在は自分のキャリアは自分でつくっていかないといけない時代です。**多様な働き方や、脱長時間労働が「今」のLIFEを幸せにするとしたら、キャリアデザインは「未来」のLIFEを幸せにすることに繋がります。**

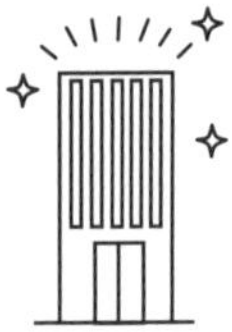

「キャリア自律」という言葉を聞いたことがありますか？

キャリア自律とは、働く個人が、自らのキャリアに主体性を持ち、キャリア形成に取り組んでいくことを指しますが、昨今、急激にこのキャリア自律が必要だと言われるようになってきました。

それに伴って、会社は「社員のキャリア自律を応援する」というスタンスが求められています。昔のように、終身雇用ではありませんし、会社の寿命もどんどん短くなっているなかで、自社に閉じたキャリアということはあり得ません。今まで、会社が行うキャリア支援というと、マネージャーになるか、スペシャリストになるかを選ぶようなものや、社内の部署や職種からやりたいことを無理に探すといったものが多かったように感じます。

ただ、これからの時代、自社にずっといることに限らず、転職、起業、移住するかもしれないですし、結婚や子育てといったライフイベントが起こるかもしれません。ＭＢＡや大学院、資格取得などにチャレンジすることもあるかもしれない。こういった社員のキャリア自律を応援していくのが大事になってくるのですが、社員のキャリア自律を応援するためには、上司自身がキャリア自律しなくてはいけませんし、社内外にアンテナを張り、アップデートしていかないといけません。

女性のキャリアは前倒し

私が女性のキャリア相談に乗っている中で、いつもお話しするのが「女性のキャリアは前倒し」という内容です。

私自身、男性だから、女性とキャリアの考え方が違うとは思っていないのですが、「出産」は女性しかできないので、どうしても女性のほうがライフイベントにおける影響を受けてしまいます。また、出産に関してはどうしてもタイミングがあるので、意識せざるをえません。実際、妊娠がわかると、その後は転職や異動といった新しいチャレンジが当面しづらくなります。

よく育休中にキャリアのことを考えて、「今の会社、環境で働くイメージが持てないので転職したい」と相談を受けることが多いのですが、基本的には育休復帰タイミングでの転職はお勧めしません。子供を産んで、育てるだけでも大変なのに、そこで転職となると、新しい仕事、新しい環境、新しい人間関係に慣れていかないといけません。相当ハードですし、仕事が大変だと、子育ても辛くなってしまうので、育休復帰直後は、同じ会社、同じ部署、同じ仕事、知ってる仲間と仕事するのがいいと思います。

だからこそ、女性のキャリアは前倒しで、やりたいことがあったり、今の環境を変えたいのであれば、前倒しでチャレンジしていくことが大事です。もちろん、転職に限らず、社内異動や職種チェンジ、社外のコミュニティへの参加や、自分が勝負していきたい分野の勉強をするのでもいいと思います。

また、マネジメントについてもチャンスがあれば、チャレンジすることをお勧めしてます。

最初から「マネジメントをやりたい」という女性は多くないのですが、**マネジメントの仕事は短い時間でも価値発揮しやすい仕事で、仕事経験豊富なワーキングマザーにこそチャレンジしていって欲しいと思っています。**プレイヤーはどうしても労働集約になるので、自分が短い時間で働いたり、お休みしたりすると成果が落ちてしまうこともあるのですが、マネジメントであれば、ちゃんと方針を立て、メンバーを育て、組織体制をつくっていけば、自分自身の労働時間が成果とイコールということはありません。そういった経験を積むためにも、若いときにいろいろ前倒しでチャレンジしていってほしいと思っています。

理想未来という旗を立てる

私はミライフキャリアデザインというキャリア教育のプログラムをつくり、スクール形式でキャリアについて教えています。

そこでは「理想未来」の旗を立てようと言っているのですが、理想未来の定義は、Being(価値観、あり方)+Doing(やりたいこと)です。

キャリアデザインやキャリアプランという話になると、Doingを考えようとすることが多いのですが、「Doingで入社して、Beingで辞める」という話もしましたが、私が20年弱、キャリアの仕事をしてきて思うのは、**Doingだけでは幸せにはなれない**ということです。いくらやりたい仕事や会社に入れたとしても、価値観の合わない環境だとモヤモヤすることが多いですし、いくら仕事で成功してお金持ちになったとしても、家庭が上手くいかず寂しい思いをしてる人も多く見てきました。

ちなみに、人によってはBeingが強めで、Doingは何でもいいという人もいますし、Doing強めで、Beingは気にしないという人もいます。また、若いときはDoingでキャリアを考えるのですが、年齢を重ね、結婚や出産など

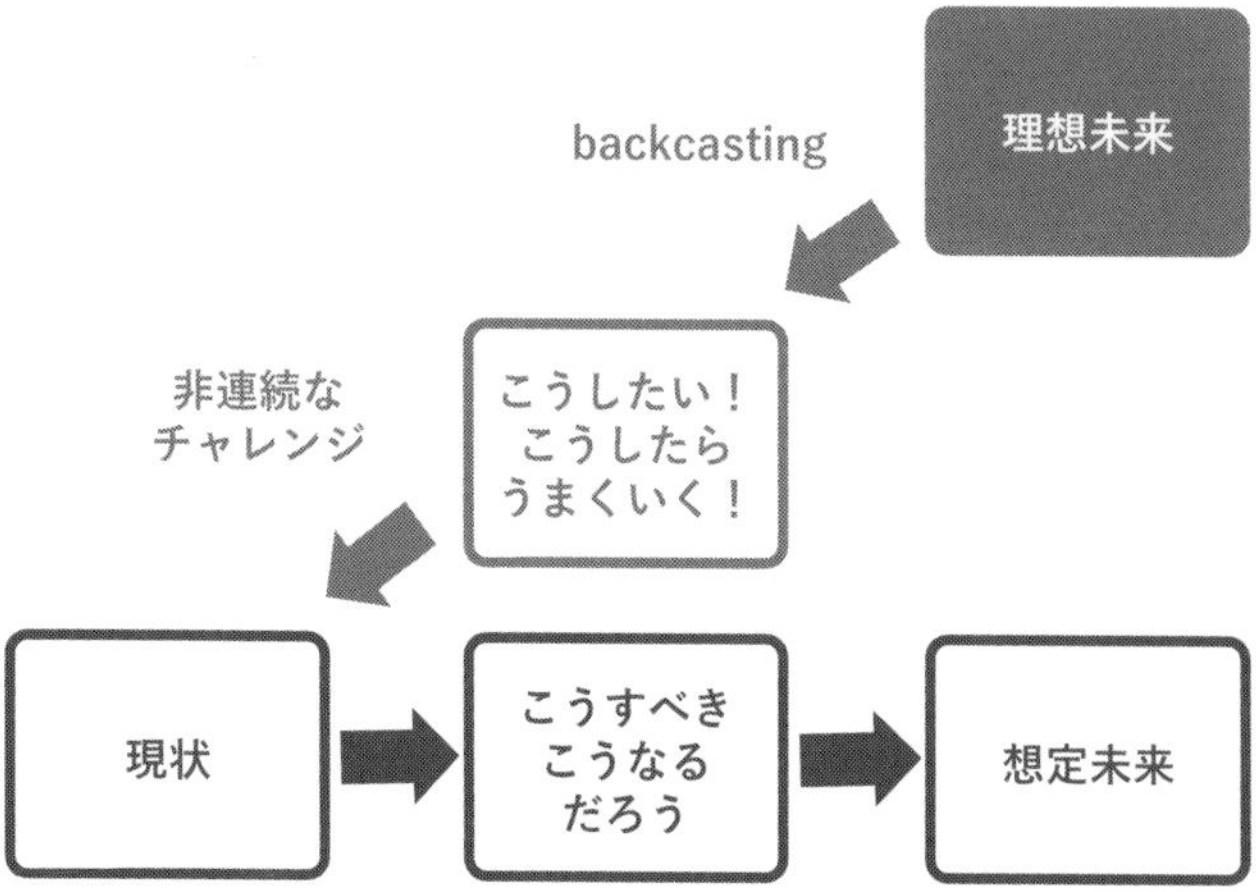

のライフイベントを経て、Being型になっていく人もいます。

私自身も、若いときはマーケティング（職種）をやりたいとか、人材ビジネス（業界）がやりたいとか、Doing型でキャリアを重ねてきましたが、子供が生まれたことを機に、「家族以上に大切なものはない（価値観）」と思うようになり、男性育休を半年取り、今でも家族との時間を確保できるようなBeing型の働き方をしています。


理想未来の旗を立てるときに大事なのは、理想未来は何度でも変わってもいいということです。

理想という言葉を重く感じてしまう人もいるのですが、現時点での理想で問題なくて、今後いろいろ経験したり、状況が変わっていく中では当然、理想も変わってくると思います。むしろ、一生変わらない理想を立てようとすると、何も出てこないし、決まらない。結果として身動き取れないということに陥ってしまいます。

仮でもいいから現時点での理想未来を考えてみることで、一歩進めるようになります。少しずつ進んでいく中で、また理想未来が変わってもいいし、旗が増えてもいいと思っています。自分で理想未来の旗を掲げて、そこに向かって進んでいく。これこそがキャリア自律なのかなと思っています。

理想未来ワークショップ

ミライフキャリアデザインのプログラムで実施している「理想未来ワークショップ」をご紹介します。

これはフレームに沿って、自分自身のことについて考えていくことで、理想未来の旗が立てられるというものです。実際のプログラムではこれを「プロトタイプ」と呼び、このプロトタイプをたたき台として、チームで議論し、自分にとって納得のいく旗になるまでブラッシュアップしていきます。

Being（価値観、あり方）

まずはBeing（価値観、あり方）を固めていくのですが、シートに沿って下記ステップで進めていきます。

①「我ながらいい決断をした」「後悔した決断をした」というエピソードをたくさん思い出してみてください。
②エピソードを踏まえて、価値観ワードから共感する言葉を5つ選び、そこから3つに絞ってください。
③「自分らしさ」「自分の価値観」とはなにか？　3つの価値観ワードの言葉を参考に簡単な文章をつくってみてください。

この3ステップだけなのですが、ステップを踏むことで、プロトタイプとしてのBeingができあがります。

理想未来ワークショップで使うワークシート①

①「我ながらいいい決断をした」「後悔した決断をした」エピソードをたくさん思い出してみてください
シーン（情景）が思い出せれば箇条書きでOKです！

いい決断	後悔した決断

②選んだ価値観カード5枚

1	2	3	4	5

③選んだ価値観カードを3つに絞る

1	2	3

④「自分らしさ」「自分の価値観」とはなにか？
3つの価値観カードの言葉を参考に簡単な文章をつくってみてください

理想未来ワークショップで使うワークシート②
ミライフキャリアデザイン価値観ワード

NO	価値観	NO	価値観	NO	価値観
1	自律	21	刺激	41	喜び
2	偶発性	22	ビジョン	42	独立
3	健康	23	利他的	43	リーダーシップ
4	家族	24	経験	44	プロフェッショナル
5	感謝	25	幸せ	45	影響力
6	責任感	26	遊び心	46	勝利
7	安定	27	謙虚	47	ロジック・論理
8	思考	28	変化	48	共感
9	本能的	29	率直	49	情熱
10	豊かさ	30	優しさ	50	革新性
11	個性	31	自己成長	51	自由
12	違いをつくる	32	貢献	52	創造性
13	ポジティブ	33	混沌	53	率先
14	挑戦	34	愛	54	尊敬
15	オープン	35	信頼	55	知性
16	冷静	36	一体感	56	行動
17	努力	37	正直	57	誠実
18	自立	38	厳格	58	多様性
19	一貫	39	友情	59	爆発力
20	勇気	40	誇り	60	グローバル

Doing（やりたいこと）

Doing（やりたいこと）についても、シートに沿って、下記のステップで進めていきます。

①「このまま進んでいくと、こうなるだろうなぁ」という想定未来（5～10年後）を考えてみてください。このときに、仕事だけじゃなく、プライベートや家族についても考えてみてください。

②「最悪の事態」を想定して、最悪未来（5～10年後）を考えてみてください。このときに、仕事だけじゃなく、プライベートや家族についても考えてみてください。

③「このままいったら、人生後悔すると思うことはなにか」について考えてみてください。理想未来を考える前に「後悔しそうなこと」を考えておくことで、後悔しない理想未来をイメージしやすくなります。

④Doingを理想未来パーツで検討していきます。各パーツの重要度を1～3で

つけて、特に重要なところを中心に、「どうなりたいか、やりたいこと」を考えてみてください。

パーツ

業界・会社・事業―ビジョン（どこで）
カルチャー―人・組織（誰と）
職種・役割―ミッション（何を）
働き方―WLB・副業（どのように）
お金
家族
プライベート・趣味
学び・コミュニティ

⑤理想未来パーツのこだわり度の高い項目を中心に、「なりたい姿」を言葉にしてみてください。

理想未来ワークショップで使うワークシート③

⑤想定未来（仕事／プライベート・家族）

⑥最悪未来（仕事・外部環境／プライベート・家族・健康）

★⑤⑥を書いてみて、このままいったら、 人生後悔すると思ったことはなんですか？

理想未来ワークショップで使うワークシート④

⑦理想未来パーツ検討：最初に先ほど言語化した「自分らしさ」を書き、それを実現するためにはどうなりたいかを各パーツで考えてみてください。（すぐというよりは、5年後くらいのイメージ）
こだわり度：min1・2・3max　→数字に○をつけてください

【自分らしさ】	
【業界・会社・事業／ビジョン（どこで）】 こだわり度：1・2・3	【カルチャー／人・組織（誰と）】 こだわり度：1・2・3
【職種・役割／ミッション（何を）】 こだわり度：1・2・3	【働き方／WLB・副業（どのように）】 こだわり度：1・2・3
【お金／稼ぐこと】 こだわり度：1・2・3	【家族】 こだわり度：1・2・3
【プライベート／趣味】 こだわり度：1・2・3	【学び／コミュニティ】 こだわり度：1・2・3

⑧「自分らしさ」を実現するための「なりたい姿」の言語化
理想未来パーツのこだわり度の高い項目を中心に、言葉にしてみてください。

これで、Doingのプロトタイプもできあがりです。

ミライフキャリアデザインのプログラムでは、この理想未来ワークショップは対話も入れて90分で行うのですが、たった90分で自分の理想未来がある程度、形になります。1人でも考えることはできますが、やはり対話を通じて、気づきが生まれるので、グループやチームなど、複数名でやってみるのがお勧めです。是非、やってみてください。

COLUMN　本との対話③「人生のイノベーション」

イノベーション・オブ・ライフ（翔泳社）／クレイトン・M・クリステンセン

私がこの本と出会ったのは2013年で、ちょうど男性育休に入る前に、発売されたタイミングで読みました。クリステンセンさんはハーバード・ビジネススクールの看板教授で、『破壊的イノベーション理論』や『イノベーションのジレンマ』で有名です。

この本はそんなクリステンセンさんが、ハーバードの同窓会で卒業生と会っていく中で、ビジネスマンとしては優秀であり、高い功績を上げているにもかかわらず、明らかに不幸せな人が多くいることに気づきます。社会的な成功という仮面の陰で、仕事を楽しんでいなかったり、離婚や不幸な結婚生活を送っている人が多かったとあります。キャリアに投資するあまり、家族には十分な投資ができなくなる……。これは、私がリクルートエグゼクティブエージェント時代に、日々、経営層の方々とお会いしてきた中で感じたこととも一致していて、外から見ると役職も高く、年収も高く、仕事をバリバリやっていて、何でも手に入れているように見える人も、家庭はうまくいっていなかったり、健康に不安を抱えているといったことは実は多かったりします。

この本で、私が目から鱗が落ちたのは、ビジネスマンとして優秀であるがゆえに不幸な人生を歩んでしまうことに対して、「そのビジネスマンとしてのマネジメント能力や経営理論を、自分の人生に活かしてみる」という発想でした。

私は会社では、それなりに頑張ってきたほうだとは自負していたのですが、男性育休に入り、家では相当なポンコツだと気づきました。それまで家事を完全に奥さんに任せてきてしまったので、全然できないですし、適当にやると、それはそれで奥さんからすると「余計なことしないで欲しい」という明らかにイライラした雰囲気を感じました（涙）。

このままでは、まさにイノベーション・オブ・ライフに出てきたケースのようになってしまうと思い、私は「自分をアルバイトだと思って、1から教えて欲しい」と奥さんにお願いしました。それからは、料理も、洗濯も、掃除も、一通り教えてもらい、やり方をマスターできるようになりました。仕事で言ったら、新しい部署に異動したら、わからないことを先輩に聞いたり、必死で勉強したりして追いつけるように頑張るのと全く同じです。そんな簡単なことすら、家ではできていませんでした。

ちなみに、男性育休を半年取り、私は「奥さんから家事でありがとうと言ってもらえる唯一の方法」に気づいたのですが、それは「言われる前にやる」ことです。言われてやる家事は指示に対してやっただけなので、やって当たり前ですが、

「これやって」と頼まれる前にやっておけば、「もうやったよー」「ありがとう！」という会話になります。これも、仕事であれば当たり前にやっていたり、自分のメンバーに教えている内容だったりします。

第3章の中でも書きましたが、「Work in Life」という考え方が本当に大事です。どんなに仕事で成功しても、昇進・昇格して給与が上がっても、働き過ぎで、家族が上手くいかなかったり、体調を壊してしまっては元も子もありません。会社として、社員のＬＩＦＥが幸せになるようにできることをやっていく。それこそが、Human-Centric（人間中心）であり、社員を幸せにする性格のいい会社なのです。

第4章

how to make a company
with a good personality

性格のいい会社のつくり方

Part 1

組織崩壊からの復活ストーリー

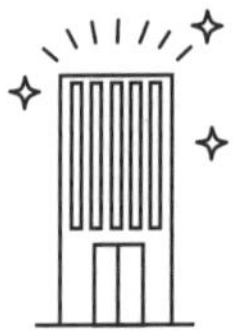

冒頭でも書かせて頂きましたが、前作では「性格のいい会社」というコンセプトをみなさんにお届けするところまでしかできなかったのですが、２０１６年に設立したミライフという会社で、実際に「性格のいい会社にはいい人材が集まるのか？　それで事業は成長できるのか？」という社会実験であり、チャレンジをしてきました。

社員が全員辞めてしまった組織崩壊の大失敗もあるのですが、そこから試行錯誤を繰り返しながら、ようやく自信を持って「性格のいい会社にはいい人材が集まるし、事業も上手くいく」と言えるところまできました。

この章では、「性格のいい会社のつくり方」ということで、実際にミライフがやっていることを、事例としてご紹介させて頂きます。少し各論にはなりますが、具体的な打ち手レベルまで記載していくので、一つでも「これ、真似したい」と思ってもらえれば嬉しいです。

理想と現実。日常のすり合わせが大事

社員が全員退職してしまい、ひとりぼっちになってしまったところから、3年経ち、ミライフは20名を越える規模になりました。その後も退職メンバーがゼロということはありませんが、個々の事情での退職だったので、組織崩壊ということもなく、むしろ組織として、いいコンディションが続いています。

では、当時と今とで、何が違うのでしょうか。

一番大きく変えたのが、採用の際に、ビジョンのような理想論だけでなく、日常の仕事のこと、入社後のギャップになりそうなこと、ミライフが組織崩壊したこと、当時のメンバーがなぜ辞めたのか、ミライフの現状の課題感など全て正直

にお伝えするようにしています。ミライフに限らずですが、採用のときはどうしてもビジョンやミッションなど理想や思いに惹かれて応募してくれますし、企業側としても採用したいので、あまりマイナスになるようなことは伝えたくないというのが正直なところだと思います。ただ、仮にそれで上手く採用できたとして、入社後に「こんなはずじゃなかった」となってしまうと、結果としてなかなか続きません。

実際にやってみて意外だったのは、「正直に伝えてくれて嬉しい」「ここまで正直に伝えてくれたからこそ、信頼して入社できる」といった前向きなメッセージを貰えることが多く、やはり人と人だからこそ、本音で向き合うのが大事だなと感じています。

また、「全然、普通の内容ですね、当たり前だと思ってるので問題ないです」といったフィードバックをもらうこともあるのですが、これはこれで、レベル感のすり合わせができているので、安心して入ってもらうことができると感じます。

包み隠さず、本音でお話しすることで、結果として「私には無理、合わない」と思うのであれば、入社しないほうがお互いのためだと思います。もちろん、採用したいという思いが強ければ強いほど、いいことばかり言いたくなる気持ちはわかりますが、入ってからミスマッチで早期退職するのは双方に取って痛みを伴うので、それに比べれば入社前に気づいたほうが全然いいと思っています。

こんな風に思えるようになったのも、私にとっては組織崩壊の経験が大きいです。ですので、今では、新しいメンバーがミライフに入社後に、WORKとLIFEで幸せになれるかどうかをイメージできるかというのが最後の判断基準になっています。

ビジョン思考で考えて、デザイン思考で解く

ミライフの経営スタイルは「ビジョン思考×デザイン思考」です。

どういうことかというと、まずはビジョン思考で、「もしも未来が○○だったら（ミライフという社名は未来＋.if）」と考えて、理想未来を掲げます。

理想未来は「Being＋Doing」としているのですが、Beingはミライフらしさや

大事にしている価値観で、Doingはなりたい姿、事業や組織としてやっていきたいことです。

この理想未来に向かうために、非連続のチャレンジを起こしていきたい。そのアプローチがデザイン思考になります。

デザイン思考については、第1章で書きましたが、本質は「Human-Centric」なので、顧客であり、社員が喜ぶことをシンプルにやっていこうと決めています。

このように言うと、そんなの当たり前じゃないかと思うかもしれませんが、

ミライフの経営スタイル「ビジョン思考 × デザイン思考」

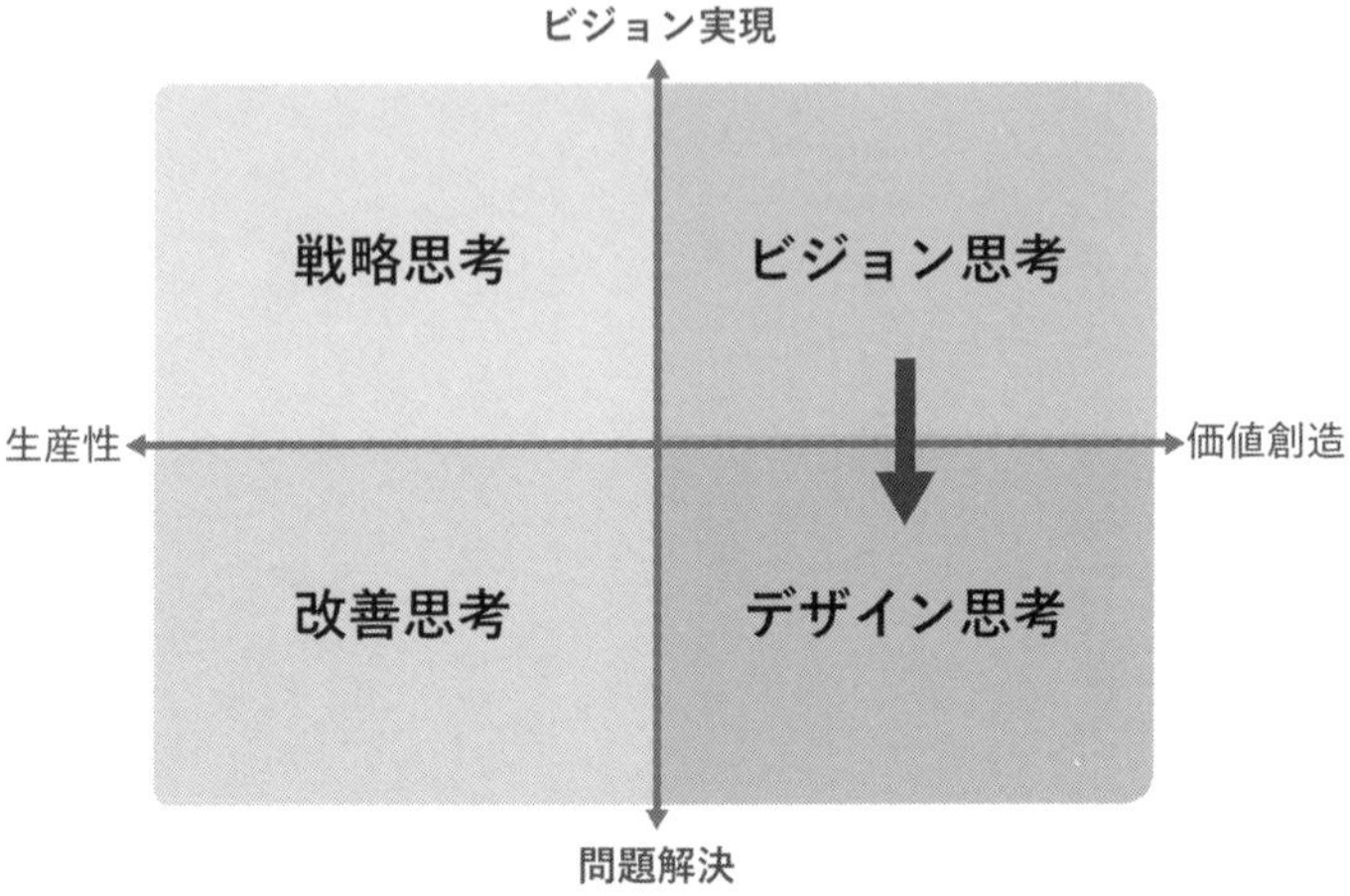

ほとんどの会社が「戦略思考」で、自社の戦略、目標からブレイクダウンした打ち手をしていったり、「改善思考」で今のやり方をPDCAでよくしていこうというアプローチなのが実態なのかなと思います。

顧客と社員を中心に置く。当たり前のことを、ちゃんと当たり前にやっていきたいと思っています。

ミライフは「組織は戦略に従う」という一般的な経営セオリーは取らず、「戦略は組織に従う」という考え方を大事にしています。これは、いい採用をして、いいメンバーが、顧客起点で自律自走して仕事をしていくことそのものが、結果として戦略になっていく。そんな風に思っています。

デザイン思考で組織をつくる

ミライフの組織をデザイン思考で考えるとどうなるでしょうか。

ミライフのメイン事業であるエージェント事業では、求職者である個人に選ばれることが、結果としてクライアントの企業にも価値を出していけると考えているので、「１００％個人起点」を実践しています。

短期業績を追いかけず、中長期的にファンをつくっていくことを心がけているので、転職するしない関係なく、目の前の方のキャリアにちゃんと向き合い、誠実に面談することにこだわっています。文字に書くと、びっくりするくらい当たり前のことなのですが、業界としてはできていないことが多いです。

また、そのために社員である仲間が、エージェントの仕事をしていて、嫌になることをとにかく排除しています。これは動機付け、衛生理論の衛生要因を徹底的に取り除くということです。わかりやすいところでは、「短期の業績目標とKPIに縛られ過ぎて、顧客起点で仕事ができない」だったり、「自社都合のクロージングをしない」「自信をもってご紹介できるクライアントのみとお付き合いしたい」「クライアント、カスタマーと長く付き合いたい」「転職しないほうがいいって思ったら、個人起点でちゃんとそう伝えたい」といった思いを大事に、業務設計をしています。

実は、これは人材業界の当たり前をひっくり返したことでもあります。100%個人起点でエージェントをやっていると、面白いことに、同じ思いを持った仲間がドンドン集まってきました。素敵な仲間が増えることで、ミライフとしての提供価値もドンドン高まっていく。そうすると、ミライフへのクチコミや紹介も増えてきて、ミライフへの相談もドンドン増えてきました。

このように、**顧客であり、社員を起点にデザイン思考で組織設計していくことで、結果としてビジネスとしても上手くいく。**今後、このようにデザイン思考で組織をつくっていくアプローチは増えていくと確信しています。

ちなみに、なぜミライフはこのような組織づくりができるのか？と聞かれることが多いのですが、ポイントは「短期業績」に固執しないことです。

多くの会社は短期で成果を生み出そうとするあまり、戦略思考、改善思考の沼にハマってしまっています。事業は戦略を変えたら、すぐに軌道修正できるかもしれませんが、組織はすぐに変えられません。ビジョン思考で理想を掲げ、デザイン思考で組織をつくっていくのは一朝一夕ではできません。ただ、時間を掛けて積み上げたものは簡単には崩れないですし、他社が簡単には真似できない強みになります。結果として、中長期にわたって継続して成長していける、変化していけるサステナブルな会社になっていくと信じています。

自律自走型組織のカルチャーデザイン

ここまで書いてきた通り、ミライフのカルチャーデザインはビジョン思考で理想未来を描き、デザイン思考で実践してきました。そして、自社の大事にしたい価値観、考え方をカルチャーブックにまとめています。

ミライフのカルチャーはまさに「性格のいい会社」がコンセプト。社員みんなの「働く、生きるを、HAPPYに」したいと思っているので、WORK（働きがい）とLIFE（働きやすさ）に分けて設計しています。この「働く、生きるを、HAPPYに」をどう意図的につくっていくか、チューニングしていくかというのがミライフ流のカルチャーデザインです。

カルチャーという目には見えないものでも、ちゃんと言語化していくことで、共通認識をつくることができます。**特に意識しているのが、NGラインを記載することです。**自律自走型の組織を目指すからこそ、ダメなことはちゃんと共通認識として持ち、それ以外は思いっきり自由にやっていいと示すことが大事だと思ってます。

よくあるのが、自由を標榜している会社なのに、ホントに自由にやったら、「そこまでやっていいとは言ってない」とか「勝手にやるな」と怒られてしまったという話ですが、こうなると結局、何かやるのにお伺いを立てなくてはいけなくなってしまうので、自由からは程遠いマネジメントになってしまいます。

ある程度のルールがあるからこそ、それを守っていれば、あとは自由にやれるというのが、自律自走型組織のカルチャーデザインかなと思っています。

ちなみに、これは既存の社員に対してはもちろんのこと、これから入社してくる未来の社員に対しても効果を発揮します。

ミライフではカルチャーブックをつくって以来、自社ＨＰに公開しているのですが、応募者のほとんどの方がこのカルチャーブックを事前に見てくれて、共感した上で、選考に来てくれたり、違うと思ったら辞退するので、カルチャーフィットの部分でのズレが少なくなります。

性格のいい会社にはいい人材が集まってきて、辞めずに活躍して、事業も成長していけるというのが前作からのメッセージなのですが、実際に性格のいい会社づくりにチャレンジしてきて、これは確信に変わりました。

Part 2

カルチャーブック

ミライフカルチャーブック解説

ここでは、カルチャーデザインのケースとして、ミライフのカルチャーブックをご紹介します。

会社としての考え方、価値観を、この「性格のいい会社」のフレームに沿って、カルチャーブックとして言語化しているのですが、その狙いと共にご紹介できればと思います。

WORK：働きがい

①ミッション、ビジョン

ミライフの社員やミライフに興味持ってくれる人は、ミッション、ビジョンに共感してくれる人が多いのですが、特に今の職場に「内向き組織、短期業績至上主義、ＫＰＩ縛られ組織」みたいな感覚を持ってしまい、「何のために仕事しているんだろう？」と感じている人に刺さるようです。

ミライフのミッションは「働く、生きるを、ＨＡＰＰＹに」なのですが、シンプルに「目の前の人を幸せにすることにこだわる」としています。

リクルートは「世界一の人材会社になる」という大きな目標を追っていましたが、私自身、世界一よりも目の前の人を大事にしたいと思ったのが原体験です。

ビジョンを考える際に、誰のために仕事をするのかと議論して、やっぱり未来をつくる子供たちのために仕事をしたいとなり、「子供たちのために」という文言が入っているのですが、特にこちらは子育て世代の人たちが共感してくれます。

ミライフのミッション&ビジョン

Mission

働く、生きるを、HAPPYに

目の前のクライアント、カスタマーが、
どうすればHAPPYになるかを考えて、
やれることをやることが私たちのミッションです。

正解はありません。

ただただ、目の前の人と向き合います。

Vision

子供たちのために ワクワクする 未来を創る

『誰のために、何をするのか?』と考えた時、
未来を作っていく子供たちのために
できることをやりたいと行き着きました。

自分の子供はもちろん、
社会の宝である子供たちが
「働く」ということに希望を持って、
ワクワクしてもらいたい。

そのためには、
今の大人たちの「働く」をワクワクさせたい。

今を変えていくことで、
子供たちの未来を創っていきたいと思っています。

このように、「誰のために、何をするのか」が明確で、社会にとって貢献できることに繋がっているビジョン、ミッションは、特に今の時代、共感を得やすいのかなと思っています。

②シンプルに顧客に向かう

ミライフはとにかく「顧客起点」を大事にしています。本当に顧客起点で考えるとどうなるか、みたいなことを突き詰めていくと、短期業績や個人業績といった社内で勝手に決めた目標を追うのでなく、シンプルに顧客に向き合うことにこだわっていくしかないということに行きつきました。

「上場企業でもないし、ＶＣ等から出資を受けてもいないから、こんな呑気なことを言っていられるのだ！」と思う方がいるかと思います。ホント、仰る通りで、だからこそ、ミライフは上場を目指さず、自己資金での経営にこだわっています。

「人材業界のゲームチェンジャーになる」、「理想のエージェントをつくる」と思ってつくった会社なので、成長や上場がゴールではないのです。

一方で面白いのは、むしろいい人材が集まり、結果として成長できていること

ミライフカルチャーブック（抜粋）

WORK（働きがい）	合言葉は顧客起点
	短期＜中長期視点
	自由と自律はセット
	個人＜チームではたらく
	成長機会は福利厚生
	個人業績目標なし
	全員広報
	赤字はいかん
LIFE（働きやすさ）	Work in Life
	働き方三種の神器
	不機嫌禁止
	Yes,and
	不要なミーティングはしない
	Pay For Performance

です。優秀な人こそ、シンプルに「顧客に向き合って仕事したい」という思いを持っている人がとても多いのではないかと感じています。

ちなみによく聞かれるのですが、ミライフには会社が与える「個人業績目標」はありませんが、仕事に対する成果やプロセスはCRMのシステムを導入してタイムリーに見える化してますし、成果を出さなくていいということではありません。顧客の期待に応えるために、自分で目標を立て、そこに向かってアクションしていく、自律自走が求められます。なので、自分で動ける人にはいい会社かもしれませんが、そうでないとかなりキツイ環境かもしれません。

業績目標に追われると嫌なのですが、目標も無いと不安になるようです。自分との戦いになるので。

③自由自律

ミライフは性善説で経営しているので、自由自律はミライフが成り立つ前提になっています。なので、個々の社員が責任感を持ち、自律自走すること。すなわち、当たり前の行動を当たり前にやること、自己都合、私利私欲で仕事をしないことなどを徹底しています。また、自分たちの「自由」は自分たちで守りましょうということも常に伝えています。

自律の無い自由だと、組織はバラバラになり絶対に上手くいきません。これは一度、組織崩壊を起こしたことがあるからこそ、痛感しています。

また、ミライフでは「チームで働く」ことを大事にしています。エージェントの仕事は、個人商店の集まりである会社が多いので、これも異質かもしれません。業績を追うなら、個人に目標を渡して、短期勝負させた方がいいかもしれませんが、僕らは理想を追うので、一人では到底できません。これも大事にしていることの1つです。

多くの会社で「自律自走人材が欲しい」と言われますが、そのためには自律自走人材が来たいと思ってくれる会社をつくらないといけません。果たして、「自分の会社はそうなっているのか？」を考えてみるといいかもしれません。

④成長

優秀な人材にとって、成長環境であるかは会社を選ぶ大事なポイントです。ミライフのような、上場も拡大も目指さない、ストックオプションも無いというベンチャー企業でも、無料でできるのが成長機会をつくることだと思っています。なので、学べる機会は意識的につくるようにしています。

成長には2種類あって、今やっていることがもっと上手くなる連続性の成長と、今までやったことないことができるようになる非連続の成長です。

多くの会社は、連続性の成長、即ち、今の仕事ができるようになることについては意識していると思うのですが、会社が人材を育てて、「よし、ようやく活躍してくれる」と思った頃には、本人は「ここではもう成長できてない」と思っていたりします。

ミライフで意識しているのは非連続の成長機会です。自分よりちょっと高いレベルを期待していくことであり、本人にとってまったく新しい仕事をやる機会をつくっています。

ミライフでは兼務ミッションというのがあり、本業のエージェント以外の兼務ミッションを担っています。

兼務ミッションは、マーケティング、CRM、生産性向上、イベント、キャリア教育事業であるミライフキャリアデザインの事業企画・運営、新規事業企画といった事業系テーマもあれば、採用、教育、組織活性、広報、社内システムなど自社運営のテーマもあります。

普通に考えたら生産性が悪いです。でも、なぜやるかというと、成長するからです。

やったことない仕事をやると、今までと使っていた仕事の筋肉が違うので、上手くできなかったり、悩んだりするのですが、これが成長にとって大事で、「筋肉痛だなぁ」と言ってるくらいが丁度いいかなと思っています。

また、ミライフの場合、兼務ミッションは本人のやりたいことや貢献できることを踏まえて設定しているので、純粋に楽しいというものもありますし、兼務ミッションは「マイナス評価をしない」というのも決めています。

兼務でプラスアルファのミッションを持ったにもかかわらず、評価が下がったりダメ出しされると、「だったらやりたくない」「やらないほうが得」だと思ってしまいます。安心してチャレンジできる環境をつくり、上手くいったらプラス評価する。そんな文化祭的な位置づけが、程よい兼務ミッションだと思っています。

LIFE：働きやすさ

ここまでWORK（働きがい）の方を説明してきましたが、LIFE（働きやすさ）のほうも説明していきます。働きがいと働きやすさ。このバランスが大事だと思っています。

⑤Work in Life

第3章でも少し触れましたが、ミライフではこの「Work in Life」という言葉を大事にしています。

仕事は大切なんだけど、あくまでも人生の一部なので、ちゃんと自分や家族が幸せになって欲しいですし、仕事を頑張りすぎて、家族が上手くいかないなんて本末転倒だと思っています。その感覚を大事にしてほしいと思ってます。

ミライフのチャットでは、「家族ファースト」や「健康ファースト」のスタンプがあって、「子供が熱出した～」「子供の学校行事が～」「今日は体調が悪いです」みたいなコメントに対して、自然にこのスタンプやメッセージが送られます。

⑥働き方三種の神器

こちらも第3章で紹介しましたが、「リモートワーク、フレックスタイム、副業ＯＫ」は、これからの時代の「働き方三種の神器」です。会社によって事情があると思うので、一概には言えないところはあるのですが、最低でも「変化できない会社は置いていかれるだけ」というのは間違いないです。

ミライフでは元々「どこで働いてもＯＫ」としていたのですが、これにより名古屋、長野、京都、大阪、福岡とフルリモートで働くメンバーも増えていますし、「フルフレックス」なので、子育て世代のメンバーも柔軟な働き方ができていると思います。

「副業ＯＫ」は、世の中の流れ的にも避けては通れないところかなと思っています。人生１００年時代、１つの会社に一生いるわけでもないので、ちゃんと外の世界に出てみることが大事ですし、優秀な人材ほど「新しいことをやってみたい」と思うので、それを禁止してしまうと、会社を辞めるしかないという判断になってしまうかなと思います。

禁止するのではなく、上手く付き合う。このしなやかで柔軟なスタンスがこれからの経営感覚として大事になってくると思っています。

⑦スタンス

心理的安全性の話でも少し触れましたが、ミライフカルチャーブックでは、スタンスについてもいくつか明記しています。

例えば「不機嫌禁止」などは当たり前のことかもしれませんが、共通のお約束として書いていることで、みんなが安心して働けると思います（何より、私自身が自分に言い聞かせています）。

「Yes, and」はまずは否定せず受け止めてみる、そしてそこから建設的に議論していくということなのですが、こういったことまでちゃんと大事にしたいスタンスとして書いておくことで、安心して意見を言えるようになります。細かいことかもしれませんが、心理的安全性の高い職場つくりのためには、こういった配慮をしておくことが大事です。

また、「不要なミーティングをしない」「全員広報」など、みんなで共通で意識しておくことで、大きな価値を生み出すこともできているかなと思っています。

⑧報酬・評価

最後は、報酬・評価についてです。

自分の仕事の価値として納得感の高い評価がされるのか、それに伴って、報酬が上がっていくのかは、社員にとっては気になるところです。これらは一般的にも不満が出やすいので、ちゃんと考え方をちゃんと示しておくことも、優秀な方を獲得するうえでは大事なポイントです。

ミライフの考え方としては「Pay For Performance」としていて、年功序列の職能制度でもなく、売ったらその分インセンティブがもらえる売上主義でもなく、ちゃんと成果・貢献に報いるということを大事にしています。

安心して顧客に向き合えるように賞与比率は低くして、年俸をベースで保証しています。

特徴としては、マイナス評価は無いのですが、プラス評価だけあるというところです。会社としてちゃんと利益を出していることが前提ですが、高い成果に対しては、決算賞与としてプラスで報いることを大事にしています。

「ベンチャーだから給与は低くて当たり前」「成果を出したらボーナスやインセンティブを出すので、基本給は低い」といった、社員にリスクを持ってもらうようなアプローチは、優秀な人には刺さりません。ミライフみたいなベンチャー企業が優秀な人材を獲得するために、納得感の高い評価や適正な報酬ということを大切にしています。

Part 3

具体的取り組み事例紹介

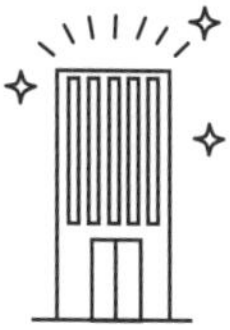

ミライフではカルチャーデザインの一環で、様々な取り組みを行っています。ここではケースとして8つの施策をご紹介します。

①ミライフェス（関係の質）

ミライフェスはミライフのフェスティバルで、定期的に代々木公園でレジャーシートを持って出かけて、ピクニックをしています。ランチをしながら雑談したり、カードゲームをやったりと、ただただご飯食べて遊んでいます。平日日中に仕事を離れて、青空の下、会社の仲間とピクニックをするという非日常の行動が、関係の質を高めるのにとても効果があると思います。

もちろんピクニックまでできなくても、オフィスにみんなで集まってランチをするのでもいいと思います。

　定期的に、仕事じゃないコミュニケーションが緩くできる場をつくっていくことが大事で、これも続けていくことでカルチャーになっていきます。

　ミライフもそうですが、基本的に仕事自体はリモートでもできる時代になってきているからこそ、リアルの場や雑談できる場を意図的にどう設計していくかというのがカルチャーデザインです。

代々木公園で行うミライフェス

②相互理解面談（心理的安全性）

ミライフでは新しいメンバーが入社してくると、全体での歓迎会とは別に、チームメンバー全員と1on1で相互理解の面談を行います。

ミライフが大きな会社ではないとはいえ、10人以上と面談することになるので、それなりに時間を割くことにはなるのですが、入社したら仕事を覚えるより先に、まずは仲間と話してもらうことを大事にしています。

新しいメンバーにとって、知っている人が少ない環境は少なからず不安になります。**それはどんなに経験豊富な人であっても同じで、役員の人だろうが、新卒だろうがみんな新しい環境は不安です。**

なぜならば、「知らないから」ということに尽きるのですが、仕事については、研修があったり、引継ぎがあったりで嫌でも覚えていきますが、仲間については意外に知る機会が無かったりします。特に新しいメンバーからすると、一緒に働くグループメンバー10人くらいを一気に覚えないといけなく、全員一度に自己紹介されたくらいだと、顔と名前が一致するくらいまでしかできません。そして、関係性が浅いままズルズルと時間が経ってしまうと、なんとなく知ってるけど、よくはわからない人たちと一緒に働いているという、不安な状態が続いてしまいます。

とにかく新しい仲間が入ってきたら、できるだけ早いタイミングで、相互理解の機会を意識的につくるといいと思います。特に1on1はお勧めで、全体だとあまり深い話もできないのですが、個別で話すことで、共通のことを見つけたり、お互いのことを知り、関係性をグッと近づけることができます。

ちなみに、リクルートは組織変更も、入社者も多い会社だったので、半期に一度、新しいグループが結成されると、毎回、相互理解の研修や合宿をやっていました。人生のアップダウンをライフラインで共有したり、自分の喜怒哀楽はどんなことかを共有したり、自分の取扱説明書をつくったり、手法はいろいろあると思いますが、チームづくりにおいて、まずは関係の質からスタートするということを意識していました。

組織づくりは急がば回れ。すぐに成果を出すほうに目がいってしまいますが、焦らずに、まずは相互理解を深め、新メンバーにとって心理的安全性の高い環境をつくってあげることが、結果として立ち上がりを早くすることが多いです。

③ミチロックフェス（個人のパーパス共有）

ミライフでは年2回、合宿の場でメンバー各々にとっての理想未来を発表し、それに対してみんなからフィードバックをもらうミチロックフェスというイベントを行っています。最初はこの名前では無かったのですが、自分の進む「道」を発表するという意味を込めて、ミチロックフェスと名付けました。

ミライフでは、敢えてパーパスを語る場とまでは位置づけてはいないのですが、理想未来はBeing＋Doingで話していくので、結果として、自分はなぜこの会社に来て、誰のために何をしていきたいのかを語ることで、内容的にはみんなのパーパスが共有できている感じがします。

ミライフは性善説の自律自走をベースに運営しているのですが、このミチロックフェスが大事な役割を担っています。

ミチロックフェスでは合宿の場で理想未来を発表する

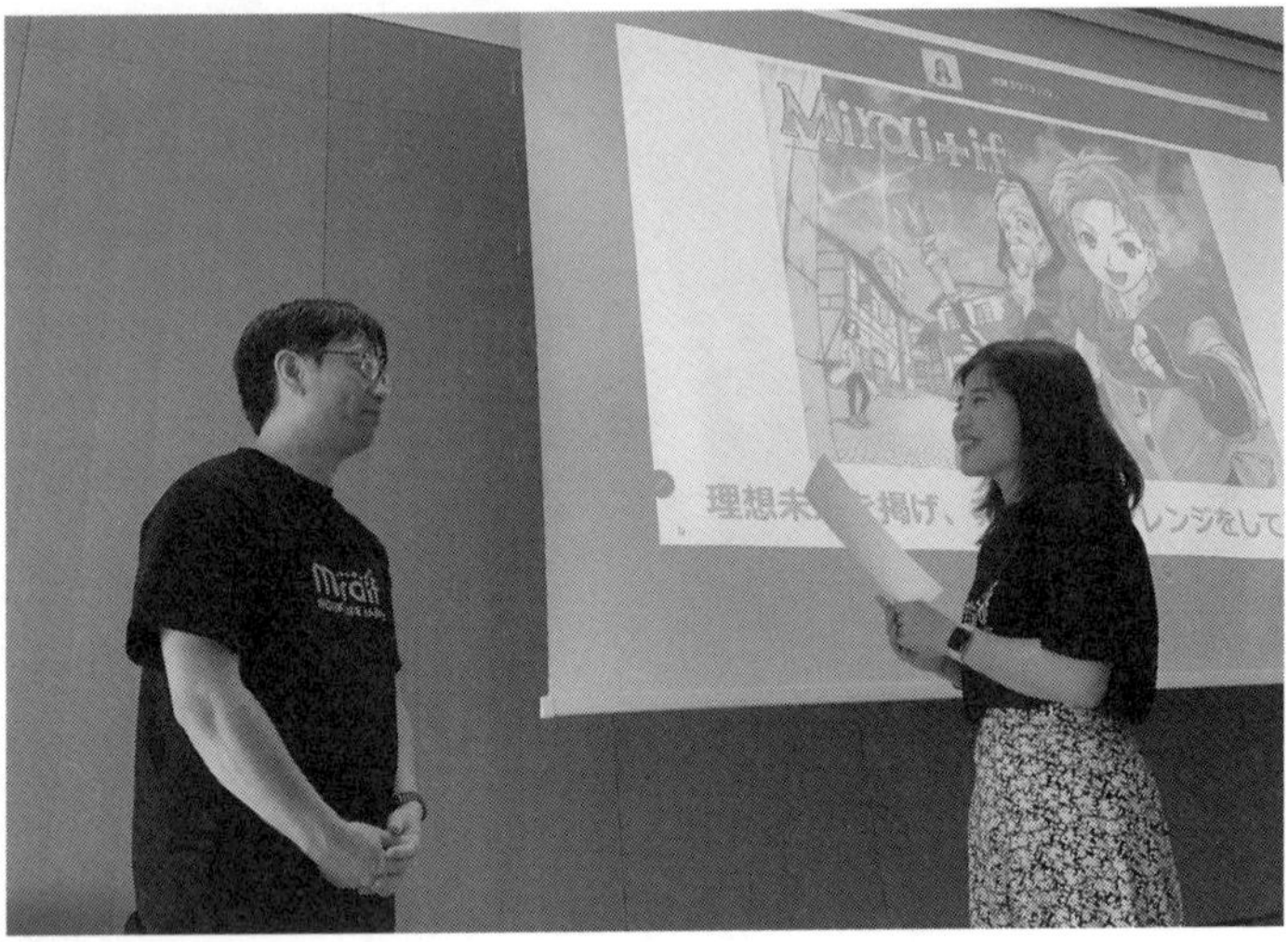

仲間からのフィードバック

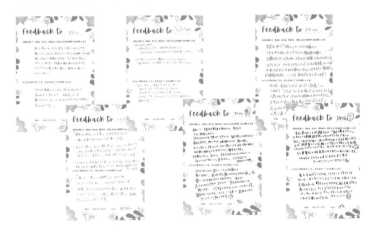

この発表に向けて、メンバー個々が内省して、自分の道（チャレンジ）を考えて、自分の言葉で発表することは、自律自走のエンジン的役割を担っています。

また、自分の発表をメンバーみんなが聞いてくれて、それに対してA4用紙いっぱいになるくらいのフィードバックを書いて渡すのですが、自分のことを理解してくれて、応援してくれる仲間がいるということに気づき、エネルギーが湧いてくるので、こちらはガソリン的役割を担っています。

毎回、このミチロックフェス後の各メンバーの成長が目覚ましく、驚くばかりです。

④未来ミーティング（自律自走の起点になる場）

未来ミーティングは、月に1度の振り返りミーティングで、「自律自走の起点」となる場というのがコンセプトです。ここでメンバー個人個人が、この1か月どうだったのか、来月以降どんなチャレンジをしていくのかということを、自ら宣言します。

特徴的なのは、1人の持ち時間は5分程度と決まっていますが、フォーマットは自由です。振り返りのフォーマットをつくれば、その項目だけを考えればいいので、効率は良いのですが、敢えてフォーマットを自由にすることで、個々がちゃんと内省して、自分の中でＰＤＣＡを回せるようになりますし、自分が自分の言葉で宣言しているので、自律自走やＰＤＣＡの起点になるようなきっかけになっていると思います。

また、このプレゼンに対して、聞いているメンバー全員がその場で、時間を取ってフィードバックをしています。

ミライフではあらゆるシーンでフィードバック文化が根付いていると思うのですが、フィードバックには本

関係の質から始まる Good Cycle

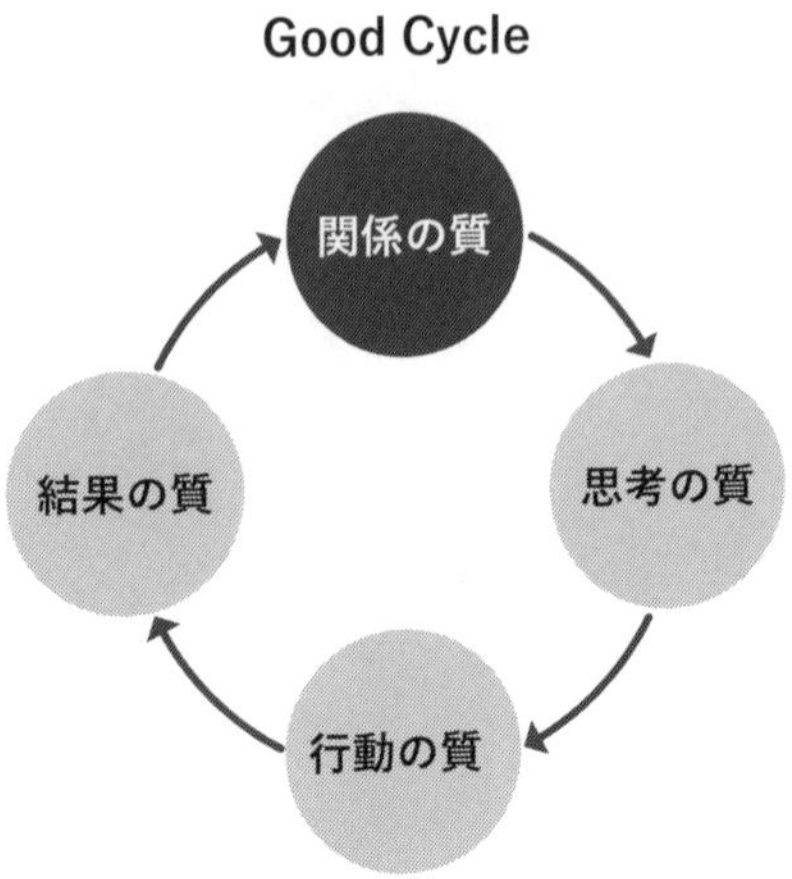

当にエネルギーがあります。共感であり、賞賛であり、強みであり、アドバイスであり、多様なのですが、自分で発表した内容に対して、仲間から熱いメッセージをもらうことで、一層頑張ろうと思うのは、自然なことかもしれません。

第2章で「関係の質」についてご紹介させて頂きましたが、関係の質が高まるとお互いに言い合えるようになり、お互いに議論して、率直なフィードバックをもらえるからこそ思考の質が高まります。その結果、行動の質が高まり、成果につながっていきます。

たかが1か月に1回の振り返りミーティングではありますが、されど振り返りミーティングです。やり方を工夫すれば、自律自走、ＰＤＣＡ、行動の質につながっていくので、結果として生産性の高い、価値を生み出すミーティングになっているのではないかと思っています。

⑤イフモク（仲間との共通体験・目標）

ミライフには個人業績目標が無いと書いたのですが、実はイフモクというチーム目標があります。これは「みんなで頑張って、もしもこのチーム目標を達成できたら、会社のお金で豪華なご飯食べにいこう！」という目標です。実際には豪華ご飯だけではなく、みんなでラクーア（温泉）に行って、スパやマッサージを受けるといったコースも増えています。

インセンティブやボーナスという形で、お金を支給するのではなく、仲間との体験を共にするということを大切にしています。

ミライフには元々、チーム目標も無かったのですが、共通の目標が無いと、今がいい状況なのか、悪い状況なのかという現在地点がわからなかったり、会社全体の業績に興味が持ちづらいなどの課題が出てきました。

また、ミライフに来ているメンバーは、前職で事業数字を月間やクォーターなどで追いかけてきたメンバーばかりなのですが、数字じゃなく、お客さんを向いてやりたいといってミライフに来たものの、実際に目標の無い世界で仕事をするとかなり戸惑うようです。そのような状況を見ながら、柔軟に新しい制度をつくったり、変えたりしていくのもミライフらしいところかなと思います。

イフモクは、リクルートのＧＩＢ（Goal in Bonus）という制度を参考につくりました。ＧＩＢはクォーターの目標を達成すると部のメンバー全員に５万円のボーナスが出て、年間終わったところで、最大20万円支給されるというものなのですが、面白いのが用途が「社員４人以上で旅行に行く」と決められているところです。ちなみに、旅行に行かなかった場合は支給額が半分になってしまうというルールもあるので、旅行に行かず、お金だけ貰おうとならないように設計されているところが秀逸だと思っています。

ＧＩＢが素晴らしいと思っていたのが、個人の目標達成にフォーカスされそうなリクルートにおいて、部門の目標に対して全員が意識するようになることと、旅行に行かなければいけないということで、社内の関係性の質が全社レベルで上がっていく施策という意味で、すごい制度だと思います。同じ５万円でも、個人にインセンティブとして振り込むだけだったら、きっとこのようなエネルギーにはならないと思います。

ミライフでは旅行とまではせず、年一回ではなく、クォーターごとに実施しているので、頻度高く、共通体験をする機会をつくることにこだわっています。

⑥サンクスデー（感謝）

サンクスデーはその名の通り、感謝する日なのですが、ミライフでは定期的にサンクスデーを設けて、お互いに感謝しあうということを大事にしています。

感謝には人を幸せにする力があります。感謝されることで、自分がみんなに何か役に立っている、貢献できている、影響を与えているということに気づくことができて、幸せな気持ちになりますし、それと同じくらい、仲間に対して感謝することでいろんな人に助けられていることを実感し、これまた幸せな気持ちになります。

日々の業務の中で、感謝を言い合うというのはなかなか多くないかもしれないのですが、このように機会をつくることで、感謝を表出化させ、それによってみんなが幸福感を感じることができます。

最近では、Unipos（ユニポス）のような感謝や貢献の見える化をピアボーナスとして送り合うサービスも出てきています。感謝を言い合うことで、心理的安全性の向上や称賛文化の醸成を促し、風通しの良いカルチャーをつくっていけるサービスなので、もっと広まっていくといいなと思っています。

⑦生産性向上委員会（生産性向上）

生産性を上げていくことで、脱長時間労働にも繋がりますし、浮いた時間で新たなことにパワーを配分することができます。ミライフは割と価値創造の施策が多いのですが、そのために大事にしているのが無駄取りです。

仕事は放っておくと、どんどんやることが足されていって増えていってしまいます。メンバー個々は頑張ろうと思っているので、あれもこれもと手を出していくのですが、結果としてやりきれず、中途半端になってしまったり、業務量が多くてパンクしてしまったりするのではないでしょうか。

ミライフではよく**「引き算しよう」**という言葉が出てくるのですが、生産性向上委員会というプロジェクトチームがあり、会社としてやらないことを決めたり、やり方を変えることを検討しています。

会議1つとっても、「時間を短くする×参加人数を少なくする×頻度を少なくする」ことで、組織としてトータルではかなりの時間を捻出することが出来ます。まずは各メンバーであり、組織全体として「何に、どれくらいの時間が掛かっているか」を実態調査して、成果につながる行動にちゃんと時間が掛けられているのか、大きな負荷になっていることを何かに代替することはできないか、この会議は短くできないか、参加人数は減らせないかのようなことを考えてみてください。きっとどんな組織であっても、かなりの時間を生み出すことができると思います。

⑧毎年変わる人事制度（評価）

人事制度は一度つくったら、基本的には当面変えないという会社が多いですが、ミライフでは毎年見直しています。理由はシンプルで、社員が一気に増えたり、組織体制が変わったり、事業の状況も大きく変わっているからです。

ミライフに限らず、特にベンチャー企業では、1年ごとに大きく事業や組織環境が変わっている会社は多いと思いますし、戦略については毎年策定していると思うのですが、人事制度について毎年見直している会社は多くないと思います。

事業が急成長しているのであれば、人事制度も急成長にフィットしたものに変えていく必要があります。そうしないと、人事制度が足かせになってしまい、事業の成長を止めてしまったり、社員に対して納得感の高い評価ができないといったことが発生してしまいます。

人事制度の基本は「等級」「評価」「報酬」の3点セットがうまく連動して、機能していくことなので、これを機能しないまま放置するということは、納得感の高い評価を捨てるということになり、結果として優秀な人から辞めていく最悪なケースに陥ってしまいます。

「納得感の高い評価」は妥協してはいけません。相当な危機感を持っているからこそ、人事制度をちゃんとチューニングすることにこだわることができるのかなと思っています。

人事制度は変わらないものだと思っている人が、経営者でも人事でも意外に多いのですが、事業や組織がある程度落ち着いてくるまでは、戦略を考えるのとセットで人事制度を考えるくらいがいいのではないかと思っています。

また、その背景をちゃんと社員に説明していくことで、納得感の高い評価や人事制度になっていきますし、社員の経営や事業に対する当事者意識が生まれてくるのではないかと思っています。

Part 4

ビジョンアート

生態系を描きたい

最後にご紹介したいのが、ミライフビジョンアートという取り組みです。

ここまで書いてきたように、ミライフではビジネスとカルチャーの両輪を回すことだったり、エージェント事業をメインとしながらも、兼務プロジェクトとしてキャリア教育やカルチャーデザインの事業を育ててきたり、短期ではなく中長期的にお客さんと付き合うためにＣＲＭ強化のために、社員10人のときにセールスフォースを導入したり、カルチャーブックの内容やミライフェスやミチロックフェスなどの施策など、いろいろ取り組んできました。

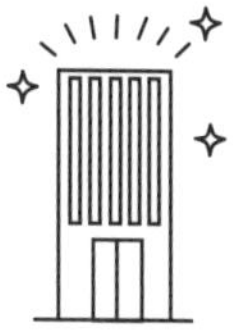

私はこのそれぞれの打ち手の繋がりを生態系と呼んでいたのですが、社内外ほとんどの人には理解してもらえないので、どうにかしてこれを伝える方法はない

かと考え、考えていることを絵（アート）で表現することを思いつきました。

ただ、思いついたのはいいのですが、私は絵が全く描けません。そこで、声を掛けたのが、友人のケンスケ（山下健介さん）でした。ケンスケは元リクルートマネジメントソリューションズのコンサルタントであり、ビジョンや想いを絵にすることができるという稀有な人材。ケンスケであれば、ミライフの「ビジネスとカルチャー」を理解した上で、アートにすることができるのではないかと思いお願いしたところ、二つ返事でOKしてくれました。

私が言っている生態系というのは、つながりや連鎖のイメージで、システム思考という手法で考えていました。

例えば、「Aということを達成するためにBをする」のがシンプルな考え方だとすると、ミライフは「Bをしたら、Cになって、Cになったら Dになって、そうしたらAが叶う」というようなことを設計しています。また、それが達成できたとしても、Eのような副作用が起こるといったことまで考えます。

「風が吹けば桶屋が儲かる」であり、バタフライエフェクトのようなことなのですが、短期、直線的に成果に向かうのではなく、中長期的に成果を出し続ける循環をつくるということを意識しています。

ちなみに、**私が生態系（システム思考）で課題解決をしようとするのは、矛盾と向き合いたいと思っているからです。**

社会課題は複雑ですし、そんな簡単にはいきませんし、真正面からいっても解決できません。だからこそ、直線的な一問一答ではなく、面倒くさいのですが、グルグル回りながらも、結果としてみんなＨＡＰＰＹになって、解決していけるアプローチにこだわっています。

このミライフの生態系を絵として表現できれば、社員のみんなにも、社外の人たちにも、もっとミライフのことを理解してもらえるのではないかと思ったわけです。

全体像（ビジョンアート解説①）

こちらがミライフのビジョンアートです。

見て頂くとわかるのですが、とても細かいです。このアートの中に、ミライフのあんなこと、こんなことがたくさん詰まっています。これはすべて、ケンスケがミライフのことを深く理解してくれて、一つひとつ丁寧に描いてくれました。

では、ここからビジョンアートの解説をさせてください。

土壌部分はミライフのカルチャーとなっています。ミライフのカルチャーは「性格のいい会社」がコンセプトなので、まさに「働きがい（WORK）と働きやすさ（LIFE）」を提供している会社と定義しています。

そこから伸びる樹の幹は、ミライフのミッションである「働く、生きるを、HAPPYに」でできています。その先には3つの事業である「キャリア教育」「エージェント」「カルチャーデザイン」が描かれていて、この事業を推進する力はバリューである「Simple, Speed, Surprise」の3Sとなっています。

ミライフのビジョンアート全体像

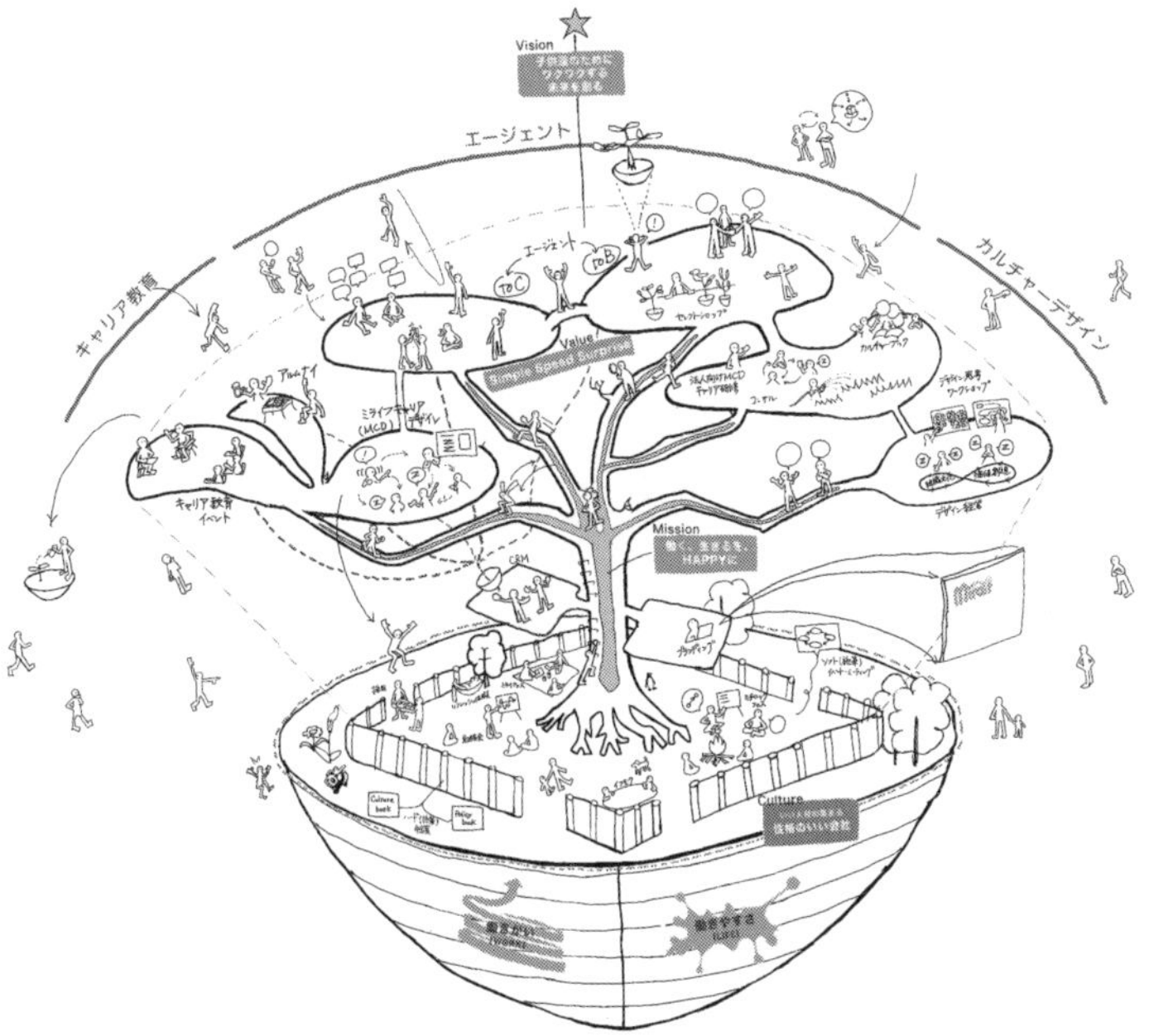

そして、空に輝く星はビジョンである「子供たちのために、ワクワクする未来を創る」が掲げられています。

まとめると、ミライフは土台としてのカルチャー（性格のいい会社）があり、ミッションに沿って3つの事業ができていて、それをバリューの力で推進していくことで、ビジョンに向かっていく。

この一貫したストーリーであり、事業や人の出会いが循環していくことがミライフの強みであり、生態系と言えるのかなと思っています。こんな想いがこの1枚の絵の中にギュッとつまっています。

カルチャーは性格のいい会社（ビジョンアート解説②）

続いて、パーツごとに、少し詳しくご説明させてください。

土台の部分は「カルチャー」を表しています。下の土壌は性格のいい会社の構成要素である「働きがいと働きやすさ」でできています。

その上の芝生には柵が掛かっています。この柵はミライフのルールブックである「カルチャーブック&ポリシーブック（人事制度）」を表しています。柵の中に入ってくるためには、この内容を理解した上で守らないといけません。このお約束を守る人が入ってくるので、心理的安全性がとても高く、居心地のいい場所になっています。

柵の中では、ミライフで行っている「ミライフェス（代々木公園でのピクニック）」「ミチロックフェスティバル（合宿）」「勉強会」「イフモク」などのイベント、施策が描かれています。

ミライフにはこのカルチャーがあるからこそ、いい人材が集まってきてくれるのかなと思います。

循環する3つの事業（ビジョンアート解説③）

続いては循環する3つの事業についてご説明させてください。

ミライフには大きく分けて、「エージェント」「キャリア教育」「カルチャーデザイン」の3つの事業があります。

エージェント事業を起点に、キャリア教育事業としてミライフキャリアデザイン（MCD）やアルムナイ活動、キャリアイベントを行っています。また、カルチャーデザイン事業として、企業向けのキャリア研修やデザイン思考のワークショップ、人事・組織のコンサルティングなども行っています。

と言っても、売上のほとんどはエージェント事業で、ここでビジネスとして収益をあげています。そして、それを原資に、たとえ儲からなくても、社会にとって、顧客にとって価値のある新しい事業を創造していくことにチャレンジしています。

これが1つ目の循環で、ミライフは上場も、成長も目標としておらず、VC等から資金調達もしていないのですが、自己資金と自社の事業収益で、新しいチャレンジをしています。ユニコーン企業のような大きなジャンプはできませんが、健全で、自由度の高いチャレンジができています。

2つ目の循環は、3つの事業が繋がっているということです。

例えば、エージェントとして転職相談にきた方に、「今は転職しないほうがいい！」と平気で言ってしまう私たちなのですが、その人がキャリア教育事業である、MCDに参加してくれたりします。逆にMCDに参加してくれた卒業生から、相談を受け転職を支援することもあります。

また、エージェントとして採用のご支援をしているクライアント様から、キャリア研修やデザイン思考の研修をご依頼頂いたりもしますし、ミライフではご友人やご家族のご紹介を頂くことも多いのですが、この人の繋がり（ご縁）がミライフの強みになっています。

最後、3つ目の循環ですが、それは社員の循環です。

ミライフメンバーはエージェントだけではなく、「兼務ミッション」を持つのですが、事業をまたいで兼務します。社員が1人で何役もこなすことで、小さい企業ながら、面白いチャレンジをポコポコ生み出すことができています。

また、何より大事なのは、社員のみんなが新しいチャレンジをしていくことで、楽しんで、成長できていることかなと思います。やったことがない、仕事の筋肉の違う経験をすることが何より成長に繋がると思っているので、事業が複数あることで、成長機会をつくれていると思います。

今後に向けて

ミライフのビジョンは、「子供たちのために、ワクワクする未来を創る」なのですが、どうすればこれが実現するんだろう？ と考えると、やっぱり、親であり、大人がワクワク働いてないとダメだと強く思っています。

なので、ミライフだけが性格のいい会社になるのではなく、世の中に性格のい

い会社（社員のWORKもLIFEも幸せにする）を増やしていきたいと本気で思っています。まさにこのために、この本を書くことにしました。

それを描いたのが最後の絵です。こんな風に、性格のいい会社を増やしていくことで、ワクワクする人生を送る人を増やしたいですし、それを見て、子供たちが「社会に出て、早く働きたい！」って思ってもらえたら最高に嬉しいです。

世の中に性格のいい会社を増やしていく

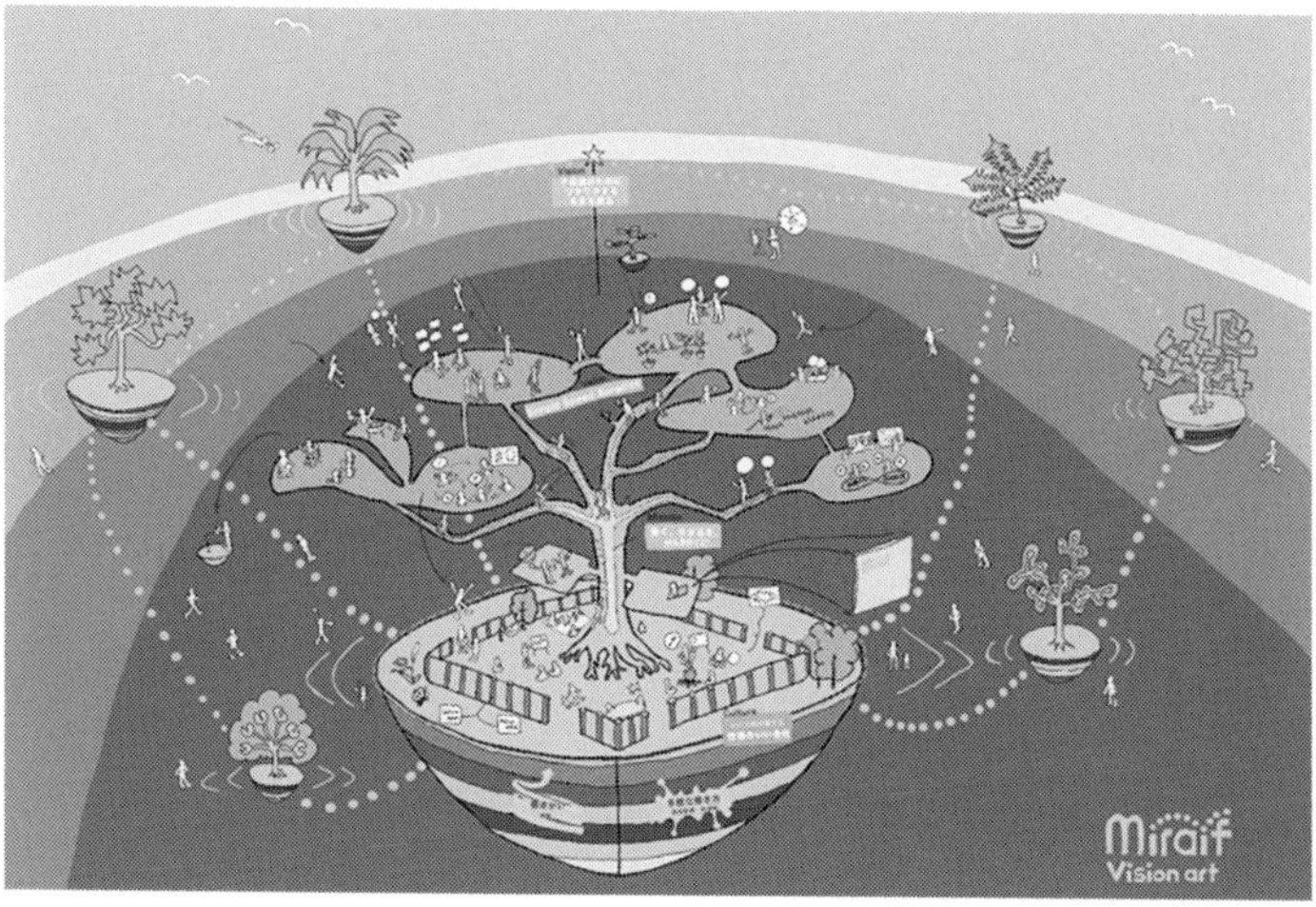

おわりに

この本を最後までお読みいただき、ありがとうございます。

前作の『いい人材が集まる、性格のいい会社』を出版してから6年が経ちました。当時としては、先進的な考え方だったので「どこでも、いつでも働けるなんて夢みたい」「性格のいい会社を目指したい」と言ってもらうこともあれば、「こんなの理想論だ、うちでは上手くいくわけない」「在宅勤務なんてしたら、絶対にサボるはずだ」といったメッセージも貰いました。

それであれば、自分の会社で性格のいい会社を実践することで、「性格のいい会社にはいい人材が集まり、辞めずに活躍してくれて、結果として事業も成長する」ということを証明したい！　と思ってやってきました。ミライフはまだまだ未完成な会社ですが、性格のいい会社にはいい人材が集まるということ、いい仲間が集まって、活躍して、事業が成長するということについては既に証明できたのではないかと思っています。

この本では、まさにミライフがミッションである「働く、生きるを、HAPPYに」を掲げて、試行錯誤しながら取り組んできたことを形にしました。事業として上手くいってると思ったら、社員が全員辞めてしまう組織崩壊になってしまったり、理想を追う中で思ったように事業の業績が付いてこず、内心では「本当に大丈夫か」と不安だったときもあります。

ただ、そんなときこそ、いつも「信じて、待つ」と念じていました。自分を信じる、仲間を信じる、そして性格のいい会社は絶対に上手くいく、結果は後からついてくるはずだと信じて待つと決めていました。戦略はすぐに変えることができますが、カルチャーは一朝一夕には変わりません。上手くいくまで時間が掛かるのですが、だからこそ組織の強さ、実行能力の差になってきます。経営者としては、短期ではなく中長期で経営を考えていく胆力が必要です。短期的に目先の数字をつくるのではなく、中長期的に顧客にとっての本当の価値をつくり、そして継続的に支持される事業をつくっていく。このようなストーリーに、仲間が付いてくるのではないかと思っています（言うが易し、行うは難しなのですが）。

また、社会環境も大きく変化しています。コロナウイルスの感染拡大による緊急事態宣言があり、日本全国でリモートワークをせざるを得ない環境になり、結果として一気に新しい当たり前（New Normal）の時代になりました。毎日、在宅勤務となり、必然的に家族といる時間が長くなり、改めて自分の人生において大切なものであり、幸せに気づいたという人も少なくないと思います。私自身も、在宅勤務が当たり前になり、家族と夜ご飯を一緒に食べるという「ゴールデンタイム」にも気づき、仕事と家族の時間を柔軟にミックスさせながら、ご機嫌に仕事をしています。

昔は「キャリアアップ」という言葉があり、どうすれば偉くなれるか、お給料を上げていけるかということを目指していた人が多かったのですが、2008年のリーマンショックによる金融危機、2011年の東日本大震災、そして2020年のコロナウイルスの感染拡大と、社会的にインパクトのある出来事を通じて、都度、日本人のキャリア観は大きく変わってきました。今は偉くなるより、「幸せに、ご機嫌に、自分らしく生きる」ほうがなりたいロールモデルになっている気がします。

このような時代の変化に対して会社としてどのように対応していくか。その一つの答えが「性格のいい会社」であり、「社員のWORKもLIFEも幸せにすること」です。たとえ理想論だと言われようと、ミライフとして実験、実践してきたことなので、自信をもってご紹介できるコンセプトになったと思っています。今後はもっと世の中に「性格のいい会社」を増やしていきたい。そうすることで、幸せに働く、生きる人を増やしていきたいと思っています。私にとっても、ミライフにとってもこれが次のチャレンジになります。

本書を書くにあたって、一番最初にご相談したのがクロスメディア・パブリッシング社長の小早川さんでした。小早川さんにこの本のアイデアをお伝えしたときに、即答で「これでいきましょう！」と言ってもらったのが本当に嬉しかったですし、執筆中のブレストでも、時には経営者の立場から、時にはマーケターとして読者を想定して、時には私のことをよく知る友人として、アドバイス頂けたこと、本当に感謝しています。

また、カルチャーづくりに多大なる影響を与えてくれ、ミライフキャリアデザインの立ち上げから支援頂いているリクルートマネジメントソリューションズの古野庸一さん、三菱商事の吉成雄一郎さんにも心より感謝しています。Columnでご紹介させて頂きましたが、古野さんの著書『「働く」ことについての本当に大切なこと』は私にとってのバイブルであり、最も共感した本です。私の考えていることを、ここまで美しく言語化できる人がいるということに感動しましたし、古野さんとご一緒させて頂く中で、自分の考えに自信が持てるようになりました。吉成さんは私のデザイン思考の師匠です。デザイン思考に出会わなければ、ここまで振り切ったカルチャーデザインをやり切ることはできなかったと思います。古野さん、吉成さんがいてくれたからこそ、ブレずにやり切れたと思っています。

そして、いつも一緒に性格のいい会社つくりにチャレンジしてくれているミライフのメンバーには感謝しかありません。この本はみんなと共同でつくってきた作品だと思ってます。ミライフのみんなはホント前向きで、優しくて、アイデアもあって、行動力もあって、笑顔で、ホント最高の仲間です。こんな仲間が集まってきてくれたということが、まさに「性格のいい会社にはいい人材が集まる！」の証明だと思ってます。ミライフはまだまだ未完成。もっと性格のいい会社を増やし、「働く、生きるを、ＨＡＰＰＹに」していきましょう。

最後は家族です。独立してから、社員が増えたり、減ったり、いいことばかりじゃなかった中で、いつも安定して支えてくれたこと、心より感謝しています。ビジネスサイボーグと言われるくらい仕事人間だった私が、男性育休を取り、ＬＩＦＥを幸せにするという本を書く日が来るなんてビックリですが、家族との幸せな日々のおかげで、人生にとって本当に大切なことに気づけました。そして、娘の花はスクスク育っています。これが私にとってなによりの幸せです。

株式会社ミライフ　代表取締役　佐藤雄佑

［著者略歴］

佐藤雄佑（さとう・ゆうすけ）

株式会社ミライフ 代表取締役。新卒でベルシステム24入社、マーケティングの仕事に従事。そこで「やっぱり最後は人」だと思い、リクルートエイブリック（現在のリクルート）に転職。法人営業、支社長、人事GM、エグゼクティブコンサルタントなどを歴任。MVP、MVG（グループ表彰）などの表彰多数受賞。リクルートホールディングス体制構築時（2012）には人事ＧＭとして、リクルートの分社・統合のプロジェクトを推進。子どもが生まれたときには、「人生後悔するとしたらこれしかない」と、半年間の男性育休を取得し、主夫を経験。2016年、株式会社ミライフ設立。個人起点100％のキャリアデザインを大事にしているエージェント事業、スクール形式で自分の人生の理想未来を描くミライフキャリアデザインやイベントなどのキャリア教育事業、企業向けの研修やワークショップ、人事・組織のコンサルティングなどをしているカルチャーデザイン事業などを展開している。

著書：『いい人材が集まる、性格のいい会社』『採用100年史から読む人材業界の未来シナリオ』

https://www.miraif.co.jp

性格《せいかく》のいい会社《かいしゃ》

2023年6月11日　初版発行

著　者　佐藤雄佑

発行者　小早川幸一郎

発　行　株式会社クロスメディア・パブリッシング
〒151-0051 東京都渋谷区千駄ヶ谷4-20-3 東栄神宮外苑ビル
https://www.cm-publishing.co.jp
◎本の内容に関するお問い合わせ先：TEL（03）5413-3140／FAX（03）5413-3141

発　売　株式会社インプレス
〒101-0051 東京都千代田区神田神保町一丁目105番地
◎乱丁本・落丁本などのお問い合わせ先：FAX（03）6837-5023
service@impress.co.jp
※古書店で購入されたものについてはお取り替えできません

印刷・製本　中央精版印刷株式会社

ISBN978-4-295-40842-0　C2034